Jean-François Duval

# LES 100 MOTS DE LA BEAT GENERATION



Que sais-je?

## À lire également en
# *Que sais-je ?*

*COLLECTION FONDÉE PAR PAUL ANGOULVENT*

Jean-Michel Maulpoix, *Les 100 mots de la poésie*, n° 4114.
René Guitton, *Les 100 mots de Rimbaud*, n° 4174.
Jean-Michel Maulpoix, *Les 100 mots de Verlaine*, n° 4215.
Sylvie Servoise, *La Littérature engagée*, n° 4233.

ISBN 978-2-7154-2180-6
ISSN 0768-0066

Dépôt légal – 1re édition : 2024, juin


170 *bis*, boulevard du Montparnasse, 75014 Paris

# Avant-propos

Il n'y a pas de Beat Generation en dehors des personnes qui l'incarnent, dans leur singularité. Tout, dans cette « mouvance », est affaire d'individualités. C'est pourquoi ces *100 mots de la Beat Generation*, plus qu'il n'est de coutume dans cette collection, seront riches des noms de certaines figures et personnages.

J'ai aussi conçu ce bref ouvrage, mini dictionnaire amoureux de la Beat Generation, de telle sorte que les entrées puissent se lire « à la suite », comme on le fait d'un récit ou d'un essai. Au lecteur d'opter pour le type de lecture qui lui plaira : dans la continuité, ou à sauts et à gambades (de toute façon, il y en aura).

Les 100 entrées procèdent d'un choix tout subjectif et ne prétendent évidemment à aucune exhaustivité, elles ne font que refléter l'intérêt et le plaisir que j'ai pris à écrire cet ouvrage. Ces *100 mots*, le lecteur le constatera aussi, sont surtout conçus comme un jeu de résonances.

# Les 100 mots de la Beat Generation

L'astérisque (*) signale que le terme ou l'expression qui précède fait l'objet d'une entrée à part entière.

La flèche (→) sert à renvoyer à d'autres entrées où l'on trouvera des informations complémentaires.

## ADOLESCENCE

*Sur la route* de Jack Kerouac est par définition le livre qu'on lit dans son adolescence. Moi-même, je devais avoir 15 ou 16 ans lorsque j'ai acheté *On the Road*. C'est le premier livre que j'ai lu (déchiffré) en anglais. J'étais un ado incertain de ce que j'allais devenir, et la façon dont les jeunes héros de ce livre entraient dans la vie me fascinait. Leurs voyages, la célébration de l'amitié, les rencontres avec les filles, l'esprit rebelle... C'était une odyssée vagabonde célébrant la vie dans toute son intensité. Bref, à l'aube de sa propre existence, on lit *Sur la route* comme une sorte de voyage initiatique, inquiet aussi à l'idée que ce voyage on puisse le rater, passer à côté... Dès les années 1950, la question a commencé à se poser avec d'autant plus d'acuité que ces années-là avaient cette particularité : dans le monde occidental, elles sont probablement les plus jeunes (y compris démographiquement) du XX$^{e}$ siècle. Depuis lors et plus que jamais, l'esprit du temps est celui de la jeunesse. Les *teenagers* constituent une espèce nouvelle, née au lendemain de la Seconde Guerre mondiale. Avant celle-ci, on usait en anglais plutôt des termes *young lady* ou *young man*, mais désormais le mot *teenagers* fait florès dans toutes les langues, prend un caractère universel.

D'aucuns objecteront que non, l'adolescence est de tout temps. Voyez les *adulescens* de la Rome antique ! Eh bien, rien à voir. Côté masculin, l'*adulescentia* dans la Rome antique commençait à 17 ans et se terminait à 30. Elle n'était en rien liée à la puberté, et ne faisait que répondre aux critères d'une catégorie juridique. Quant aux jeunes Romaines ? Mariées très tôt, elles passaient directement de l'enfance au statut d'épouses. L'adolescence au sens où nous l'entendons est bel et bien née dans les États-Unis d'après-guerre, avec les *baby-boomers** et des *teenagers* qui ont grandi au rythme des morceaux de Chuck Berry et de Little Richard, fondateurs du rock'n'roll*, dont les paroles des chansons s'adressaient très explicitement à cette nouvelle classe d'âge, séduite aussi par le magnétisme érotique et sexuel d'un Elvis Presley (« *Elvis the Pelvis* »), figure iconique qui, dès 1956, propage cette nouvelle forme de culture et son « tempo » tout autour de la planète (→ *Baby-boom*).

*

## *AMERICA*

D'abord, ne surtout pas confondre l'Amérique en tant qu'espace, territoire, avec l'Amérique sociale et conformiste dont se distancent les Beats au lendemain de la Seconde Guerre mondiale. Elles sont aux antipodes l'une de l'autre. La première, *l'authentique*, est celle avec laquelle Kerouac appelle à renouer quand il prononce la phrase : « *The Earth is an Indian thing* » (« La terre est chose indienne »). L'autre n'est qu'un banal moment historique et épisodique. À quoi s'ajoute qu'aux yeux de Kerouac, l'Amérique est, pour ce qui est de sa mise en mots, une page littéralement vierge. C'est en quoi elle appelle à l'écriture, à être mise en forme par le Verbe. Kerouac la voit comme un grand, un immense poème, qu'il s'agit de (re)composer au plus près de sa vérité, perceptivement et intuitivement. Avec des termes et des phrases susceptibles de la traduire vraiment. Bien sûr, Fenimore Cooper, Nathaniel Hawthorne, Poe, Theodore Dreiser, Henry James, Fitzgerald, ont déjà donné voix à l'Amérique. Mais cette voix était jusqu'alors restée à des degrés divers prisonnière des « canons » fixés par la tradition littéraire européenne.

Certains protesteront : et Hemingway ? Ne révolutionne-t-il pas déjà stylistiquement les lettres américaines ? Oui, mais bizarrement l'Amérique n'est pas au centre de son attention ; ses sujets sont en Europe : le premier conflit mondial, l'Espagne, l'Afrique, Paris, la pêche au marlin… Kerouac est l'un des premiers à penser, avec ses compères, que pour parler de l'Amérique, pour en faire un *sujet*, l'écriture se doit de rompre entièrement avec ses attaches européennes, par le biais d'une langue neuve, qui tranche autant que le jazz avec la musique d'outre-Atlantique.

## ANGES

Les anges, sous forme incarnée, sont présents d'un bout à l'autre de la légende beat, mais leur condition dans cet univers-là est presque irrémédiablement vouée à la Chute*. S'ils ont des ailes, la réalité les leur coupe. Ce n'est en rien un hasard si Kerouac intitule l'un de ses livres *Anges de la désolation*. Ni si, dans *Sur la route*, il baptise tout à coup Neal Cassady* « *the Holy Goof* », expression qui associe la sainteté à l'humaine dinguerie et à la maladroite innocence des idiots, comme chez Dostoïevski (notons que chez Disney, c'est le personnage de Goofy qui approche cette qualité). Si faire l'ange, c'est faire la bête, les Beats au départ tendent à ignorer cette fatalité – inhérente peut-être à notre espèce, comme si vivre ne pouvait se justifier que par une aspiration à s'élever toujours plus haut (→ Chute).

## APPEL DE L'OUEST

Au printemps 1947, à l'université Columbia (New York), plusieurs des amis de Jack Kerouac ont des projets de vacances pour l'été. Ses camarades Hal Chase et Ed White retourneront à Denver, leur ville natale, où Neal Cassady, son nouvel ami tout juste rencontré à New York, a déjà repris ses quartiers. Kerouac, à cette pensée, sent grandir en lui un étrange appel, quelque chose comme le *call of the wild* que dépeint si bien dans ses romans Jack London, l'un de ses frères en écriture. Un appel de l'Ouest. D'une manière ou d'une autre, un voyage de ce genre – Kerouac le pressent – offrirait les meilleures prémices à l'œuvre qu'il sent germer en lui. Car oui, décidément, même si dans la foulée de *L'océan est mon frère*, il a entamé un deuxième manuscrit, *The Town and the City*, qui fait écho au classicisme d'un auteur qui lui est cher, Thomas Wolfe, quelque chose au fond de lui s'infléchit, une trajectoire nouvelle se dessine. Il suffit, en ce printemps 1947, qu'il jette un regard aux bouquins qui jonchent le plancher de sa chambre. Quasi toutes ses lectures sont désormais d'un ordre très concret et pratique, elles tournent autour de l'Oregon Trail et des vieilles pistes tracées par les pionniers de jadis... Il s'en ouvre à son ami Hal Chase :

> Mes intérêts ont subi une transformation saisissante [...] Mon propre développement est centré sur un nouvel intérêt pour les choses plutôt que pour les idées... Je suis absolument dingue d'un nouveau genre de lectures en ce moment : une histoire des États-Unis, une autre de la Révolution américaine, etc. Surtout, figure-toi que j'ai commencé une énorme étude de tout le territoire américain, en achetant des cartes de chaque État. Et avant peu, pas une rivière ou un sommet de montagne, pas une baie ou une ville n'échappera à ma connaissance... Et maintenant, qu'est-ce que cela signifie ?... Eh bien que mon sujet en tant qu'écrivain est bien entendu l'Amérique et que je dois, c'est tout simple, tout savoir sur le sujet... Hal, mon cher Hal, mon but est d'envergure balzacienne – je veux parvenir à une connaissance vraie et intime des États-Unis, conquérir ce pays – qui est le centre du monde pour moi tout comme Paris l'était pour Balzac. Il faut que je connaisse l'Amérique aussi bien que je connais la

paume de ma main... Autant te dire que ce que je fais est très éloigné des Raskolnikov et des Julien Sorel qu'on met en scène en Europe... Culturellement, rien à voir ! Mon œuvre ne peut tout simplement pas reposer sur le même genre de fondations, et ça, ça change tout.

## AUTOSTOP

Depuis des lustres, Jack Kerouac, Neal Cassady et les autres Beats sont pour nous très fortement associés au concept de « l'autostop » (« *thumbing* » ou « *hitch-hiking* » en anglais). Une pratique qui n'a réellement pris son essor qu'après-guerre, même si le mot « *hitch-hiking* » a fait son apparition à la fin des années 1930. À une époque où l'achat d'une voiture reste un luxe relativement peu répandu, l'autostop est quasiment gratuit comme moyen de transport (l'autostoppeur apporte éventuellement sa contribution aux frais de carburant si on le lui demande). À la vérité cependant, au contraire des générations suivantes, celles des années 1950 à 1970, auxquelles ils auront ouvert la voie et montré le chemin, aucun des Beats originaux n'a beaucoup pratiqué ce mode de transports. Neal Cassady, s'il y a eu recours, s'arrange surtout pour voyager à bord de superbes bagnoles presque neuves qui l'épatent, et qu'il « achète » en payant la première traite. Il n'hésite jamais non plus à « emprunter » ou voler un véhicule (à 17 ans, il en aurait volé cinq cents) quand il s'agit pour lui de tracer le moindre bout de route. Jack a certes fait de l'autostop dans son adolescence et lorsqu'il gagne Denver en 1947, puis en 1957 lorsqu'il redescend du pic de la Désolation (État de Washington) pour rejoindre la Californie et San Francisco. Ou encore au Mexique en août-septembre 1955. Mais il a le plus souvent voyagé à bord des bus Greyhound pour des trajets dont sa mère lui paie plus d'une fois le montant, au moyen de lointains et tardifs chèques postaux qui le contraignent à de longs « stops » en tel ou tel endroit.

Il suffit de lire le deuxième chapitre de *Sur la route* pour constater à quel point il galère parfois en chemin : lorsqu'il quitte pour la première fois New York à destination de Denver, il choisit mal l'emplacement où lever le pouce et ne s'accommode pas de la pluie qui le surprend, ce qui lui vaut en fin de journée un piteux retour à son point de départ… par le bus. Une péripétie que même Cervantès aurait rougi d'attribuer à son Don Quichotte… Et dans les premières pages de *Big Sur*, c'est en train qu'il traverse les États-Unis.

Allen Ginsberg et William Burroughs ont-ils jamais pratiqué l'autostop ? Imagine-t-on seulement Burroughs lever le pouce au bord d'une route ? Non, en vérité, quand on parle d'autostop à propos des Beats, c'est qu'au cours de leurs traversées des *States*, soit à bord de la fameuse Hudson 49 de Neal Cassady – Kerouac ou LuAnne Henderson relayant parfois Cassady au volant –, soit à bord de la Ford 1937 qui les conduit au Mexique en 1949, ce sont surtout les « vrais » autostoppeurs ramassés sur la route qui sont leur providentielle et principale source de revenu et de financement, par le versement exigé de 1 ou 2 dollars pour payer l'essence.

*

## *BABY-BOOMERS*

Aujourd'hui, une certaine doxa veut que l'impulsion donnée par cinq ou six jeunes types se retrouvant en 1944 au West End Bar de Manhattan et formant le noyau premier de ce qu'on appellera la « Beat Generation » ait, par de multiples biais, contribué, voire débouché sur la révolte de la jeunesse du *baby-boom* face aux conventions d'une société rigide, figée dans l'effroi de la guerre froide, prude, matérialiste, aliénante. Au risque de paraître provocante, la thèse inverse peut tout aussi bien être défendue : la reconnaissance des « Beats originaux » par les *baby-boomers* doit elle-même énormément aux changements sociétaux du milieu des années 1950. Car on aura assisté à un phénomène assez curieux et paradoxal : il est hautement vraisemblable que les influences et les évolutions sociétales et culturelles aient davantage donné corps à la Beat Generation que ne l'ont fait les premiers écrivains de cette mouvance, Kerouac, Ginsberg, Burroughs. Sans doute, musiciens, cinéastes, artistes et autres écrivains avaient-ils connaissance et étaient-ils sensibles aux aspirations et tentatives novatrices de ce petit groupe d'écrivains, mais les représentants de ce « noyau » n'avaient encore rien publié de très novateur (d'une narration d'ailleurs conventionnelle, *Junkie* de William Lee *alias* Burroughs ne sort qu'en 1953). Cette thèse se défend d'autant mieux que les premiers Beats eux-mêmes ne se sont guère réclamés de leur appartenance à la Beat Generation, ou même ont délibérément pris leur distance par rapport à celle-ci.

On pourrait donc tout aussi bien le dire ainsi : le noyau initial et littéraire des Beats, dès la fin des années 1940, a donné de manière souterraine l'impulsion originale, mais c'est une grenade qui n'a éclaté qu'en 1957, à la faveur des gigantesques ébranlements sociaux dus à l'évolution des mœurs, à l'ébranlement des barrières sociales et raciales, à l'émancipation féminine, à la révolution du rock'n'roll, à certains films (dont *L'Équipée sauvage* avec Marlon Brando, *La Fureur de vivre* avec James Dean) et à l'apparition d'adolescents – phénomène tout nouveau dans l'histoire, comme on l'a dit plus haut – dont le propre est « d'être en quête », qui jouissent d'un fort pouvoir d'achat, et dont les goûts vont désormais, et jusqu'à aujourd'hui, largement modeler la société.

En 1957, les manuscrits de Kerouac, jusqu'alors tous refusés, traduisent à merveille ces évolutions sociales. Dès cette année-là, les éditeurs s'en avisent et les publient ! La question reste donc en suspens : est-ce à Kerouac, à Neal Cassady ou plutôt à Marlon Brando, James Dean et Elvis Presley que nous tous, rejetons du *baby-boom* à divers degrés, nous devons de porter aujourd'hui des jeans, des t-shirts, de boire un Coca ou une bière au goulot ? D'entretenir au plus profond de soi et avec plus de liberté diverses manières d'envisager l'existence, d'aimer, et d'expérimenter dans leurs multiplicités les façons d'être au monde ?

*

## BAGNOLES

Une image reçue veut que Cassady, Kerouac et les Beats se soient toujours déplacés dans la vaste Amérique à bord de vieilles américaines poussiéreuses, les seules à la portée de leur bourse. Une fois de plus, nous voilà égarés par nos représentations toutes faites. Neal Cassady, grand voleur de voitures devant l'Éternel (c'est d'abord pour le plaisir de la route, il les ramène souvent là où elles étaient garées), ne se jette évidemment pas sur le premier modèle venu, mais sur celui qui lui tape dans l'œil. Et quand, devenu adulte, il les achète, il verse une première traite pour s'offrir celle qui est la plus formidable à ses yeux et pour son tempérament, comme par un nécessaire besoin d'adéquation avec son énergie propre. En 1948, il s'offre successivement, en l'espace de six jours, une Chevrolet 4 cylindres et un coupé Packard club 1941 bleu, remplaçant l'une par l'autre. Il en chante chaque fois les louanges dans ses lettres à Kerouac et Ginsberg. Autrement dit, la voiture lui est à la fois un objet d'écriture et sans doute aussi l'une de ses métaphores. Voiture et écriture : l'une et l'autre demandent à être parfaitement négociées, pour les meilleurs virages et détours possibles.

Le voici, en décembre 1948, passant devant le plus balèze garage de San Francisco, sur Lankin Street. Et elle lui apparaît. Une divinité descendue dans le *showroom*, exposée à la vue de tous. Le dernier modèle, flambant neuf, de la Hudson 49 ! Elle vient de sortir sur le marché. Elle est appelée à franchir un cap magique, à marquer l'entrée de l'Amérique dans la seconde moitié du siècle. Toute la presse s'extasie : elle donne forme au futur, elle écrit l'avenir. Elle est modelée pour la route, où elle s'échappe en y glissant comme un pain de savon. Le tableau de bord ressemble à celui d'un Boeing. Neal l'explique le soir même à son épouse Carolyn. Fabuleuse, cette bagnole, chérie ! Son châssis et son centre de gravité sont si bas qu'au lieu « d'y monter, on y descend ». On la surnomme la « *Step-down* ». Neal s'y imagine au volant comme devant sa machine à écrire, avec tout le réel à redessiner, à recomposer. Il exulte. La Hudson 49 pourrait inspirer tout un roman. Peut-être même le grand roman américain ? Il l'achète évidemment. Et c'est à son bord qu'il va entraîner Jack Kerouac, son pote Al Hinkle et sa *teenager* d'ex-femme LuAnne (*alias* Marylou dans *Sur la route*) pour une mémorable traversée des États-Unis.

Quant aux voitures des autres Beats légendaires ? Au Texas, Bill Burroughs (très mauvais conducteur) ne dispose que d'une vieille jeep qui sera transformée en arbrisseau bruissant de marijuana jaillissant par toutes les ouvertures de la carrosserie quand, avec Huncke et Cassady au volant, il prend la route de New York pour tenter d'écouler la production de sa plantation (de si piètre qualité qu'aucun dealer ni groom d'hôtels louches n'en voudra). Jack Kerouac ? De son propre aveu, conducteur lui aussi peu doué, préférant être conduit que de se retrouver au volant, il se satisfait d'un crayon et d'un calepin entre les mains. Quant à Ginsberg, s'il écrit un fameux poème à la gloire de Neal Cassady, *L'Automobile verte*, les lecteurs attentifs à la légende beat ne le remarquent au volant à aucun moment de celle-ci. Normal, il n'a jamais passé son permis de conduire (mais s'offrira tout de même un minibus VW à 39 ans, piloté par son compagnon Peter Orlovsky).

*

## *BEAT*

Les Beats sont dès 1944 un noyau de quelques jeunes écrivains en devenir, dont les principales figures sont Kerouac, Ginsberg et Burroughs. Lorsque les médias s'intéressent un peu à eux, fin des années 1940, on leur demande comment ils se qualifieraient… Or, cette bande d'amis compte en son sein un junkie nommé Herbert Huncke* qui pratique à haute dose le *jive*, argot noir des bas-fonds new-yorkais. Il a toujours à la bouche l'expression « *Man, I'm beat* », c'est-à-dire « je suis défait, abattu, dans la dèche, sans le sou, au bout du rouleau, bref je tiens vraiment pas la forme »… L'expression est restée dans l'oreille de Kerouac. De surcroît, le clarinettiste Milton « Mezz » Mezzrow vient de sortir en 1946 un fameux bestseller intitulé *Really the Blues*, lu par tous les Beats. Le livre anticipe presque *Sur la route* sur un plan lexical (mais non sur celui du tempo) et témoigne d'une même *Rage de vivre* (c'est le titre de la traduction française). Les expressions « *beat up* » et « *dead beat* » figurent en fin d'ouvrage dans un lexique des mots *jive* utilisés par la pègre et les jazzmen.

Avec son ami l'écrivain John Clellon Holmes (qui va bientôt, avant même Jack, publier le premier roman thématiquement consacré aux Beats, *Go*, en 1952), Kerouac se laisse aller, faute de mieux, à livrer cette expression en pâture aux journalistes. Pour lui, en tant qu'écrivain, elle signifie surtout qu'il ne s'agit en aucun cas de reconduire le pesant conformisme d'avant-guerre, chape dont il faut s'échapper. L'expression prend une ampleur inattendue et elle est officiellement avalisée lorsque, à la suite de la parution de *Go*, Holmes publie le 16 novembre 1952 dans *The New York Times* un article intitulé « This Is the Beat Generation ».

✷

## BEAT GENERATION

« *This is the Beat Generation !* » L'expression fait fortune, même si Kerouac, en son for intérieur, la voue bientôt aux gémonies. Dès 1954, il s'efforcera de la connoter bien différemment, en associant le mot « *beat* » à celui de « béatitude ». À l'inverse, Allen Ginsberg, qui a des qualités de publiciste, comprend vite que les désignations « Beats » et « Beat Generation » peuvent contribuer à faire connaître leur cercle d'écrivains, malgré tout ce qui les différencie sur le plan de l'esthétique littéraire. Dans les décennies qui suivront, on peut dire que c'est grâce à Ginsberg que les expressions « écrivains beats » et « Beat Generation » connaîtront la bonne fortune qu'on sait. En 1999, Ken Kesey (→ *Further !* ; Bus psychédélique) disait même à l'auteur de ces *100 mots de la Beat Generation* : « Sans Ginsberg, la Beat Generation n'aurait tout simplement jamais existé. Elle lui doit tout. » C'est tout à fait juste. L'expression est donc trompeuse, peut prêter à malentendu. Témoin cette situation cocasse : lorsqu'en 1994, Allen Ginsberg m'accueille dans son petit appartement du Lower East Side à l'occasion du « cinquantième anniversaire » de la naissance de la Beat Generation, il me le déclare tout de go : « La Beat Generation n'existe pas, c'est une pure création des médias. »

Autrement dit, la Beat Generation n'est qu'une simple appellation qui, au fond, ne recouvre rien, sans aucun substrat réel. Une pure *fiction*. Ce qui, s'agissant d'un « mouvement » littéraire, ne manque en soi ni de piquant ni d'intérêt, puisque cette fiction a bel et bien fini par prendre corps sur un plan sociologique (ces *100 mots* en témoignent une nouvelle fois). Seul point commun entre les différents écrivains « membres » de la Beat Generation : l'affirmation forte, par chacun d'eux, d'une singularité propre (→ Mythologie).

## BEAT 2^E^ GÉNÉRATION

En sus d'une descendance strictement biologique (→ Enfants de…), la Beat Generation a toute une descendance littéraire, forcément très éclatée. La queue de comète s'étend sur des décennies, et jusqu'à aujourd'hui. Au départ, à New York en 1944, il n'y a pourtant que cinq ou six gars :

Kerouac, Burroughs, Huncke, Ginsberg, Lucien Carr (le seul qui n'écrit pas), rejoints par Neal Cassady fin 1946. C'est le noyau initial sur lequel se greffent successivement Gregory Corso* en 1950, puis, dès 1955, les écrivains de la Renaissance poétique de San Francisco* et du Black Mountain College*, tels Gary Snyder et Robert Creeley.

Par deuxième génération, il faut cependant entendre des auteurs plus jeunes d'une vingtaine d'années, nés pour la plupart entre les années 1930 et la fin de la décennie 1940, qui s'inscrivent artistiquement et littérairement dans la ligne du noyau beat initial. Tous ont lu et ont été marqués dans leur jeunesse par la lecture de *Howl* de Ginsberg, *Sur la route* de Kerouac, *Junkie* de Burroughs, *Gasoline* et *Bomb* de Gregory Corso. Lectures qui les ont tant secoués qu'elles ont décidé de leur entrée en littérature, conforté leur vocation. Ils sont très nombreux et on n'en citera que quelques-uns (à noter que les femmes surgissent dorénavant sur cette scène, plus particulièrement dans le domaine de la poésie). Méritent ainsi de figurer pleinement au tableau d'honneur : Bob Kaufmann ; Diane di Prima* ; Lenore Kandel ; Hettie Jones ; LeRoi Jones (devenu Amiri Baraka) ; John Wieners ; Joanne Kyger ; Joyce Johnson ; Janine Pommy Vega ; Anne Waldman ; voire Richard Brautigan. Pardon à ceux que nous omettons.

Dans les années 1970 et 1980, l'expression « Baby Beat Generation » verra même le jour pour désigner les auteurs de la « Seconde Renaissance poétique de San Francisco », tels Thomas Rain Crowe, Neeli Cherkovski… Aujourd'hui, on pourrait très bien se risquer à inscrire une Patti Smith, très liée à Burroughs, Ginsberg, etc., dans cette queue de comète.

## BEATNIKS & C^IE^

Par un phénomène d'extension, l'expression « beat » gagne encore en audience médiatique lorsqu'en novembre 1957 l'URSS lance dans l'espace la chienne Laïka à bord d'un Spoutnik. *Sur la route*, publié deux mois plus tôt, est déjà sur orbite, connaît un succès foudroyant. Du coup, les médias choisissent de baptiser « beatniks » cette génération qui, exactement au même moment, prend son envol et explose au grand jour. Dans les années 1960, les hippies vont succéder aux beatniks, prendre la relève et se lancer dans leur foulée sur toutes les routes du monde, s'intéressant aux philosophies orientales et à quantité de nouvelles valeurs...

Le phénomène s'étend au monde entier. Il trouve notamment une vaste chambre d'écho dans la « vieille Europe » : en Angleterre, en Allemagne, en Italie, en France et jusqu'au-delà du rideau de fer (à son arrivée à Prague, en 1965, Ginsberg sera sacré Kral Majales [roi de mai] par 100 000 étudiants). Si bien que, plus que jamais, la culture et la contre-culture américaines, par un effet de résonance, imprègnent la vie quotidienne de tout un chacun : dès les années 1950 et dans les années 1960, on porte jeans et t-shirts, les Beatles et les Stones adaptent les morceaux des bluesmen américains. En France, Jean-Philippe Smet se rebaptise Johnny Hallyday. Quantité de barrières, dans tous les domaines, craquent : pilule contraceptive, libération sexuelle, émancipation féminine. Les prudes Anglais parviendront même à inventer la minijupe avant les Américains. Et en 1968 viendra la contestation*. L'impulsion donnée par les Beats donne lieu à quantité de mythologies (→ Mythologie) qu'elle laissera dans son sillage dès les années 1950 : Dylan*, les Beatles, les beatniks, les hippies, le psychédélisme, la route de Katmandou, Mai 68, « *Make love, not war* », Woodstock, les manifs, les punks, l'effondrement de certaines barrières entre les races, un regain d'intérêt pour l'Orient, pour le bouddhisme, l'écologie, sans oublier le grunge et Kurt Cobain. Et enfin les voyages à travers les réalités virtuelles prônés tant par Timothy Leary que par Ken Kesey.

*

## *BEAT REVIVAL*

Le *beat revival* s'est amorcé à partir des années 1980. Rappelons le contexte. Ces années-là, à la suite du choc pétrolier de 1973, sont les « années fric ». Celles de l'homme unidimensionnel, de la pensée unique, bref, d'un nouveau et terrible conformisme. Plus rien ne compte que l'économique. Les héros ? Ce sont les chefs d'entreprise, les *top managers*. Les valeurs deviennent plus matérielles que jamais. Qu'on songe à l'aura d'un Bernard Tapie dans la France de cette époque. Les années 1980, c'est aussi le retour à un individualisme forcené, le règne de l'individu roi. Certes, on aura connu quelques sursauts. Ainsi les punks, qui, dès la fin des années 1970, se sont inscrits assez clairement dans la continuité du mouvement beat et mettent en garde : « *No future.* »

De fait, la braise n'aura jamais cessé de couver sous la cendre. La musique rock (icône rock, William Burroughs figure sur la pochette de l'album *Sgt. Pepper's Lonely Hearts Club Band* des Beatles) et les festivals pop ont aussi joué un rôle considérable dans ce *beat revival*. Lou Reed, Patti Smith et d'autres n'ont cessé de propager la bonne parole.

Dans le même temps et sur un tout autre plan, quantité de femmes, dont Carolyn Cassady*, Joyce Johnson, etc., publient leurs souvenirs des années beats, racontent une époque qui n'existe plus, et les idéaux qui allaient avec (→ *Beat women*). Nombre de poètes et d'écrivains, tout autour de la planète et jusqu'aux Soviétiques Andreï Voznessenski, Evgueni Evtouchenko et Vassili Axionov (celui-ci installé aux États-Unis), fraient avec les Beats. Gary Snyder* et Michael McClure défendent ardemment la cause écologique. Et en 1982, un événement monstre, « The Jack Kerouac Conference » – une semaine de conférences et de retrouvailles –, réunit à Boulder, dans le Colorado, tous les grands noms de la contre-culture beat, de Ginsberg à

Burroughs en passant par des dizaines d'autres. Le moment est déterminant, il revitalise complètement le mouvement, et suscite l'intérêt des plus jeunes générations, qui reconnaissent dans cette mouvance beaucoup de leurs aspirations. Il s'agit de retrouver des repères qui permettent de vivre sa vie plus pleinement, dans ses multiples composantes.

Dès 1993, des magazines et des quotidiens comme *Time* et *The New York Times* se mettent à consacrer leur « *cover story* » et de larges dossiers au *beat revival*. Kurt Cobain enregistre *The « Priest » They Called Him* avec William Burroughs. La presse sacre Allen Ginsberg « poète américain probablement le plus célèbre » lors du quarantième anniversaire de la librairie City Lights à San Francisco. L'université Stanford acquiert sa correspondance pour 1 million de dollars. Johnny Depp achète aux enchères le manteau de Kerouac pour 15 000 dollars. Commerce et *merchandising* s'en mêlent. De vieilles photos de Kerouac et de Ginsberg ornent blousons et pantalons kaki de la grande chaîne de magasins Gap. En 2001, le fameux rouleau de *Sur la route*, tapé sur papier calque, est vendu aux enchères chez Christie's pour 2,4 millions de dollars. La rumeur se confirme que Francis Ford Coppola pourrait enfin produire *Sur la route*, dont il détient les droits depuis trente ans. Le film, confié au réalisateur Walter Salles, sort en 2012. Et en juin 2011, même les archives de Timothy Leary, grand prêtre du LSD, trouvent preneur pour 900 000 dollars, déboursés par la New York Public Library.

Alors oui ! Il n'est point excessif de dire que la seconde moitié du XXᵉ et le début du XXIᵉ siècle portent bel et bien l'empreinte du Beat et des mythes qu'il a portés : dans la liberté des mœurs, la musique, la littérature, les façons de se vêtir, d'aimer, de voyager, de faire de la politique… de vivre !

*

## *BEAT WOMEN*

Certains voient dans l'épopée de la Beat Generation une équipée essentiellement virile… Grave erreur d'optique. Grand respect des femmes, même si au départ elles restent dans l'ombre. Les Beats leur doivent de s'être rencontrés : l'appartement commun d'Edie Parker et de Joan Vollmer, futures épouses de Kerouac et de Burroughs, est dès 1944 le point de ralliement, le « salon littéraire » de William Burroughs, Allen Ginsberg, Herbert Huncke, Jack Kerouac, Lucien Carr, Bill Garver*, etc. D'une manière ou d'une autre, elles contribuent à la naissance de leurs œuvres : Burroughs, de son propre aveu, ne serait jamais devenu réellement écrivain s'il n'avait tristement abattu Joan d'un coup de feu en jouant avec elle à Guillaume Tell, en 1951. Au début de cette même année, Kerouac, tapant frénétiquement en trois semaines le rouleau de *Sur la route*, sait qu'il a besoin pour l'écrire de lui imaginer un destinataire : il l'adresse mentalement à sa toute nouvelle épouse (la deuxième), Joan Haverty (le mariage ne durera que six mois). En outre, *Sur la route* est un livre séminal, d'une sensibilité mâle autant que féminine. Jack y célèbre l'amitié, les filles, l'union des âmes, la pulsion vitale elle-même. Carolyn Robinson, devenue Carolyn Cassady, est la reine Guenièvre de Neal Cassady (c'est à elle qu'on doit la publication de son récit *Première jeunesse* et de sa correspondance). Dans *Sur la route*, Carolyn est la Pénélope, au port d'accueil, et LuAnne Henderson la plus juvénile figure, toujours sur le départ.

L'apport des femmes est tout aussi important sur le plan littéraire. C'est ainsi qu'en 1998, Brenda Knight a la bonne idée de publier *Women of the Beat Generation. The Writers, Artists and Muses at the Heart of a Revolution*. Une anthologie qui rend justice aux écrits de ces femmes « libérées » qu'on réunit désormais sous l'appellation « *beat women* » et qui auront contribué, dans la foulée du noyau beat originel, à donner à toute cette mouvance son souffle, au travers de maints écrits, proses et poèmes, témoin les recueils de poésie de Diane di Prima, Lenore Kandel, Hettie Jones (épouse d'Amiri Baraka), Joanne Kyger (épouse de Gary Snyder), Janine Pommy Vega, Anne Waldman... Elise Cowen, maîtresse d'Allen Ginsberg, compose de beaux poèmes avant de se suicider en 1962, à l'âge de 29 ans (ils sont désormais recueillis sous les titres *Short Poems Dossier* [2012] et *Elise Cowen. Poems and Fragments* [2014]). Bref, les années d'après-guerre sont si déterminantes pour cette génération de femmes qu'elles sont toutes, risquons la comparaison, comme des Juliette Gréco démultipliées à l'échelle du continent américain, répercutées en un immense miroir fractal. Elles ne comptent évidemment pas pour rien dans l'émancipation féminine aux États-Unis dans les années 1950 et 1960.

Depuis le *beat revival** du début des années 1980, les mémoires, autobiographies et témoignages féminins abondent, formant cortège à l'œuvre de Kerouac et de ses pairs. Ainsi, en 1983, du petit chef-d'œuvre de Joyce Johnson, *Personnages secondaires*, passionnant puisqu'elle est la petite amie de Kerouac au moment où celui-ci accède à la célébrité : elle nous y raconte sa propre expérience de *beat woman* en 1957-1958. Ainsi également du livre de Carolyn Cassady, *Sur ma route* (1990), qui nous narre sa vie avec Cassady, Kerouac et Ginsberg. En 2000, Joan Haverty, deuxième épouse de Kerouac, livre son autobiographie : *Nobody's Wife. The Smart Aleck and the King of the Beats*. Et celle qui l'a précédée en 1944, Edie Parker, donne la sienne en 2007 : *You'll Be Okay. My Life with Jack Kerouac*. S'inscrivent dans la même perspective deux romans partiellement autobiographiques de Jan Kerouac, la fille que Jack a eue avec Joan Haverty (→ Enfants de...).

## BIÈRE & C^IE^

Ce qui suit pourrait aussi bien figurer sous une entrée « Alcools ». Mais la bière a cette qualité d'être la boisson alcoolisée la moins chère. Dans la dizaine d'années qui précèdent le succès de *Sur la route* en 1957, Kerouac, Neal Cassady et leurs amis ne boivent pratiquement que cela. Neal, élevé aux côtés d'un père effroyablement alcoolique, n'aimait guère le vin, n'en buvait pas souvent, pas plus que l'alcool fort. Fin 1948, à New York, toute la bande passe une bonne partie des fêtes de fin d'année à hanter les boîtes de jazz, et LuAnne Henderson se souvient : « Chacun de nous biberonnait pendant toute la nuit la seule bière qu'on avait pu se payer. » Une seule bière mais le meilleur jazz du monde ! Dans la Hudson 49 qui lui fait traverser la nuit de la Louisiane en compagnie de Neal et LuAnne, Jack ne fait qu'*imaginer* qu'ils boivent du « *snake juice* » (« whisky frelaté » et non pas « jus de serpent » comme on l'a traduit en français).

Cependant, dès 1951, à mesure que ses manuscrits sont refusés par les éditeurs, Kerouac, qui a tout de même pris pas mal de bitures dans sa jeunesse, augmente beaucoup sa consommation. Point de bascule en septembre 1957 quand *Sur la route* est publié : impossible d'éviter les *shows* télévisés ou la lecture de ses poèmes à Greenwich Village. Désormais, c'est pour faire face à sa célébrité que Jack absorbe des quantités considérables d'alcool fort, whisky et cognac prenant le relais de la bonne vieille bière ou du vin occasionnel. Il est ivre en permanence. C'est le début d'une chute* très rapide, une descente aux enfers. LuAnne ne le reconnaît plus, se croit en présence du docteur Jekyll et M. Hyde lorsqu'ils conversent au bar Vesuvio ou au Panhandle Park de Frisco. Il meurt d'alcoolisme douze ans plus tard, fin 1969. Accompagné d'une bière, un repas très simple passé à converser sincèrement avec un ami était pourtant aux yeux de Kerouac l'une des meilleures choses qui puissent nous arriver dans la vie. Soif de conversation et d'échanges. Et Neal Cassady ? En 1968, le pulque et l'agave qu'on lui fait ingurgiter lors d'une fête de mariage au Mexique, en sus des amphétamines qu'il a déjà prises, auront certainement joué, dans sa mort, un rôle assassin.

## BLACK MOUNTAIN POETS

Au moins deux mouvements littéraires et poétiques se sont fondus dans ce qu'on appellera la Beat Generation. L'un d'eux a pour nom The Black Mountain Poets, ses figures de proue sont Charles Olson, Robert Creeley, John Wieners et Robert Duncan. Le mouvement est né dès les années 1930 en Caroline du Nord dans une université avant-gardiste et expérimentale appelée le Black Mountain College. Le poète Charles Olson donne le ton, avec son idée d'une « *projective poetry* » qui imprègne tout l'enseignement donné en ce lieu. On se réfère à des poètes de la génération précédente, tels Ezra Pound, défenseur du vers libre, et William Carlos Williams. Loin de la conception « métronomique » du poème classique, il s'agit d'être proche avec ce qui est vécu dans l'instant même de la composition du poème, laquelle doit reposer sur le souffle, la respiration, sur une « projection » spontanée de la parole : ainsi atteindra-t-on une musicalité plus authentique du vers. Robert Creeley gagne San Francisco en 1957, suivi de Charles Olson ; Robert Duncan s'y trouve déjà. La jonction se fait très naturellement avec les poètes new-yorkais (Ginsberg, Corso, Kerouac) qui, venus à Frisco, émergent sur la scène publique au même moment (→ Renaissance poétique de San Francisco).

✳

## BOUDDHA

On a pu dire des Beats que leurs seuls points d'intérêt communs, en dehors de la littérature, étaient le bouddhisme et le jazz* afro-américain. Ce sont en effet, au pourtour de la mouvance beat, les deux pôles qui vont exercer la plus forte influence sur elle, jusqu'à participer de son essence (ainsi Bob Kaufman, poète beat noir, se fait-il bouddhiste). La vision bouddhiste s'accorde parfaitement avec leur aspiration à un élargissement de la conscience d'être (ce que Lucien Carr, Kerouac et Ginsberg décrivaient vers 1944 comme leur recherche d'une « Nouvelle Vision »). Elle vient très naturellement s'inscrire dans leur quête. Au début des années 1950, sur la côte est, Ginsberg approfondit ses connaissances sur le sujet, Kerouac l'ayant rendu attentif aux idées de souffrance et de compassion qui sont au fondement de la pensée bouddhiste. Gary Snyder, s'orientant vers le zen japonais, fait pareil sur la côte ouest. Pour Kerouac, aucune contradiction entre son attirance pour le bouddhisme et son mysticisme catholique originel. Siddhartha, Tathagata, le Christ, la Vierge, Jack fait spirituellement feu de tout bois, et se passionne pour cette approche du réel, nouvelle pour lui, et qui nourrit son écriture, si bien que tout naturellement, au milieu des années 1950, naît sous ses doigts une biographie de Bouddha (toute personnelle évidemment, peu ou prou tirée aussi vers l'hindouisme). Elle ne sera publiée qu'en 2008, sous le titre *Réveille-toi. La vie du Bouddha*. Un autre inédit, d'accès beaucoup plus difficile, l'avait précédée : *Some of the Dharma* (écrit entre 1953 et 1956, publié en 1997).

Bouddha est aussi présent dans plusieurs de ses romans, comme *Anges de la désolation* et *Les Clochards célestes*. Kerouac l'emmène parfois sous d'autres cieux, jusqu'à Paris (*Satori à Paris*) et en Bretagne où, qui sait, il pourrait aussi bien dénicher quelques traces de la présence de ses aïeux celtes. Les lieux importent-ils vraiment, puisqu'on est partout sous « le soupir des étoiles heureuses » ? Né en 1922, l'année même où Hermann Hesse* publie son *Siddhartha* (le savait-il ?), Kerouac aura également beaucoup parlé du bouddhisme avec le spécialiste Alan Watts, encensé par les hippies et dont le livre *Beat Zen, Square Zen and Zen* (1959) nuance les rapports entre l'esprit beat et celui du bouddha.

Quant à Ginsberg, son bouddhisme plutôt tibétain est encore renforcé par sa rencontre en 1970 avec Chögyam Trungpa, qui devient son maître et dont il suit l'enseignement jusqu'à sa mort. Avec Trungpa et la poétesse Anne Waldman (→ Beat 2e génération), il cofonde en 1974 à Boulder dans le Colorado le très bouddhiste Naropa Institute et, intégrée à celui-ci, une Jack Kerouac School of Disembodied Poetics, qui attire aujourd'hui encore quantité d'étudiants.

Et William Burroughs ? S'il confie dans une lettre à Kerouac que le bouddhisme « n'est pas fait pour l'Occident », il se montre en fait tout aussi intéressé par cette forme de pensée. Elle répond parfaitement à sa méfiance envers les constructions conceptuelles (elles nous « contrôlent ») et le monde d'apparences dans lequel nous baignons. Pour lui, le bouddhisme a l'avantage de préconiser la « déségotisation », une « submersion de l'égo » très utile, estime-t-il, pour tout écrivain qui comme lui cherche « à éviter un point de vue unique et fixe ». Le bouddhisme aide à échapper à toute perception qui serait par trop personnelle. D'où cet apparent paradoxe : les Beats, dans la filiation du transcendantalisme américain, prônent l'affirmation absolue de soi (la *self reliance* d'Emerson) ; en même temps, cette affirmation du soi débouche sur son dépassement. Le « Je » se fond et s'extrapole dans un « Grand Tout », chacun de nous excédant infiniment les barrières qui font de lui l'une des tristes et bornées créatures que nous croyons être, éphémères incarnations d'un flux de conscience peut-être éternel. Si bien qu'on assiste chez les Beats à ce double mouvement : une judicieuse combinaison entre un « Je » absolu, et un « Tout » qui ne l'est pas moins.

✳

## BUKOWSKI (CHARLES)

Si les Beats sont à la marge, Charles Bukowski, auteur des *Contes de la folie ordinaire*, est à la marge de la marge. Un point commun tout de même : chacun à leur façon, ils sont des vagabonds. Les uns célestes, et l'autre, Charles Bukowski, comme jailli des enfers, sorti d'un tableau de Jérôme Bosch, mais doté d'un sens certain de l'humour et du grotesque relativement peu présent chez les Beats (sinon dans *Le Festin nu* de Burroughs). Bukowski prend appui sur un pack de bière plutôt que sur la canne de l'immense Charlot, première et éternelle figure du clodo, du *tramp* et du chemineau, toujours en marge de la « bonne marche » de la société américaine. Tous deux, Bukowski comme Charlot, sont des grains de sable happés par le système, mais susceptibles d'enrayer la machine, de la gripper, de la détraquer par instants. Est-il possible de parvenir à une forme de salut ? Et comment ? Chez Bukowski, la quête du salut prend le visage et les apparences d'une gargouille (c'est un Quasimodo), tandis que chez les « anges » de la Beat Generation, Kerouac, Cassady, la quête se veut angélique, précisément : il s'agit de s'élancer, de s'élever toujours plus haut, dans l'idée (l'illusion ?) qu'il est possible de concilier les chemins les plus concrets, au ras de la route et de la poussière, avec des voies spirituelles et célestes.

Bukowski, lui, se méfie des hauteurs, il n'y décèle aucune vérité. Pour lui, le mieux est de rester au niveau du bitume, de creuser son chemin à la façon d'une taupe, de se terrer dans son trou, de « se chercher » et de se trouver dans les ténèbres plutôt que dans la lumière, à l'abri du bruit et de la fureur. Le salut pour Bukowski ne consiste pas à s'élever, mais à descendre tout droit et en solitaire dans les abîmes : la solitude bien comprise étant le lot des sages. Bukowski récuse complètement le « romantisme » des Beats (Kerouac principalement). Notons que l'avenir lui donnera finalement raison : pour leur malheur, la plupart des Beats de légende (à quelques exceptions près : Snyder, Ferlinghetti, Ginsberg) le rejoindront tout en bas, définitivement *beat*, les ailes brûlées, fondues comme celles d'Icare à l'approche du soleil. Leur histoire se révélant, pour ce qui est de Jack et de Neal, celle d'une terrible chute*.

## BURROUGHS (WILLIAM)

Il est « *El hombre invisibile* », l'homme invisible, selon ses voisins mexicains et à juste titre. C'est pourquoi on pourrait ne le laisser que transparaître au fil des pages de ces *100 mots*, au gré des entrées où, comme Kerouac, il est littérairement partout présent. Mais non. Il est l'une des quatre figures majeures (autant dire l'un des quatre cavaliers de l'Apocalypse) de la Beat Generation, avec Kerouac, Ginsberg, et Neal Cassady, et on dira donc ici quelques mots du personnage. Imagine-t-on un instant un Beat né avant la guerre de 1914-1918 ? C'est son cas (unique en l'occurrence). Il sera aussi le dernier du noyau beat à mourir, en 1997, après Neal, après Jack, après Allen.

Né le 5 février 1914, il a le privilège chronologique de vivre à Vienne dans les années 1930, où il étudie la médecine à l'heure où Freud y pratique encore, et, moins heureux, d'y assister à la montée du nazisme. Bien qu'homosexuel, il épouse en 1937 son amie Ilse Klapper, jeune Juive à laquelle il permet ainsi d'obtenir un visa pour les États-Unis et d'échapper aux persécutions nazies. Retourné aux *States*, ayant divorcé d'Ilse au Mexique, le voilà attiré par la vie des bas-fonds, selon une logique de contraste qu'il affectionne. Car c'est un fils de famille : il est le petit-fils du richissime inventeur de la première machine à calculer, et ses parents, quoique moins pourvus, lui versent une rente mensuelle de 200 dollars, un montant qui à l'époque suffit tout à fait pour vivre.

En 1944, il épouse Joan Vollmer, et fait du même coup la connaissance de Kerouac puis de Ginsberg. Il découvre la morphine en 1946 à la suite de sa rencontre avec Herbert Huncke*, vite intégré au cercle beat. Burroughs est le grand aîné qui les épate tous par sa connaissance de la littérature, notamment européenne. Lorsque leur ami Lucien Carr tue David Kammerer (→ Crimes), Kerouac et lui s'essaient à coécrire un roman inspiré par le drame, *Et les hippopotames ont bouilli vifs dans leurs piscines*. Le manuscrit est refusé (mais publié en 2008), et Burroughs ne pense plus le moins du monde à une carrière d'écrivain, ne se sent même plus du tout écrivain. Mais en 1952, un ami le persuade de rapporter ses expériences d'*addict* (il l'est toujours). C'est ainsi que *Junkie* sort en 1953. Burroughs est alors au Mexique avec Joan, qu'il abat accidentellement en jouant à Guillaume Tell. Quinze jours de prison, après quoi il poursuit sa route en Colombie, Équateur, Pérou, Amazonie, correspond avec Ginsberg (*Les Lettres du yage* seront publiées en 1963). Il gagne Tanger en 1954, consomme, écrit (*à cœur perdu*, a-t-on envie de dire), et enfin, rejoint par Ginsberg et Kerouac, compose avec eux l'œuvre qui le propulse en littérature, *Le Festin nu** (→ *Cut-up* ; Hôtel de la rue Gît-le-Cœur).

## BUS PSYCHÉDÉLIQUE

Comme on l'a vu sous beat* et *beat revival**, le phénomène beat, sociologiquement parlant, s'est prolongé bien au-delà des années 1940 et 1950. Un premier passage du flambeau s'est produit en 1964, lorsque Ken Kesey, auteur de *Vol au-dessus d'un nid de coucou*, accompagné de ses Merry Pranksters (les « Joyeux Lurons »), part rencontrer Kerouac à New York, et Timothy Leary* à Millbrook Farm (les deux rencontres se passeront mal). À bord du bus psychédélique *Further*, au volant duquel se trouve le légendaire Neal Cassady (lequel devient du coup doublement un héros puisqu'il a déjà été celui de *Sur la route* sous le nom de Dean Moriarty), les Merry Pranksters propagent d'une côte à l'autre la bonne parole du LSD, encore légal. Plusieurs l'ont dit, à commencer par Ginsberg : cette traversée des États-Unis marque concrètement et symboliquement la naissance de la contre-culture aux États-Unis, elle en donne le signal le plus coloré et le plus visible, assurant la transition entre l'aventure beat et l'aventure hippie. Une aventure si présente à l'esprit des Beatles que les Fab Four lui font écho en 1967 quand ils ont la fantaisie de mener une mini-épopée à bord de leur propre bus, qui s'illustre dans le film *Magical Mystery Tour* et donne lieu à l'album du même nom.

## CASSADY (CAROLYN)

L'une des figures féminines clés de la Beat Generation. Elle est née en 1923 à Lansing dans le Michigan, et grandit à Nashville, Tennessee. Carolyn fait d'excellentes études au Bennington College dans le Vermont. Pendant la guerre, elle s'engage comme infirmière volontaire en Californie. Elle poursuit ensuite des études d'art et de théâtre à l'université de Denver. C'est là qu'en 1947 elle est immédiatement séduite par le magnétique Neal Cassady, lequel quitte pour elle son amour de jeunesse et sa première épouse, LuAnne Henderson (Marylou dans *Sur la route*, où Carolyn est appelée Camille). Très vite elle s'installe à San Francisco avec Neal, qui trouve un boulot de serre-frein à la Southern Pacific. Naissent trois enfants. Ils divorcent en 1963 après quinze ans d'un mariage au fil duquel Neal lui en aura fait voir de toutes les couleurs, jusqu'à devenir momentanément bigame. Certains épisodes tiennent presque de la comédie de boulevard : début 1952, quand le timide Kerouac loge dans la famille, elle le séduit, et un « ménage à trois » s'installe pendant quelque temps. Elle dira que ça aura été « la plus belle période de sa vie ». Les deux amis continuent à s'entendre à merveille, et telle une reine Guenièvre, Carolyn a le bonheur d'avoir deux preux chevaliers à ses pieds. Elle est très belle, mais d'une beauté un rien frigide avec un mari aux élans trop brutaux pour sa délicatesse (au contraire de LuAnne, qui reste pour Neal l'amante parfaite, la chair chaude et accueillante, toujours ouverte et disponible).

Le sort semble lui réserver une sorte de vie dédoublée. D'un côté, même si elle a une âme d'artiste, elle ne comprend (presque) rien aux Beats et à leurs tentatives littéraires – elle aime Neal, elle aime Jack, mais c'est pour leurs personnalités plus que pour leurs œuvres, dont elle saisit mal la nouveauté –, ses goûts la portent vers les grands romanciers anglais du XIXe siècle. Elle ne lit pas *Sur la route* à sa parution en 1957, par peur aussi de trop en apprendre sur son époux. Lorsque je la rencontre en 2001 à Bracknell, en Angleterre, où elle s'est retirée en 1983, elle me dit qu'elle « vient de relire *Sur la route* » et qu'enfin elle voit pleinement « toute la beauté de cette œuvre, et tout ce qu'elle contient de célébration de la vie ».

Cependant, il ne faut pas s'y tromper : après la mort des « héros » beats que sont Kerouac et Cassady, nul plus qu'elle (sinon Ginsberg) ne fera autant pour perpétuer leur souvenir, et étendre l'audience de leurs œuvres, au travers de préfaces, de conférences, etc. Très consciente du rôle qui lui incombe, elle devient leur plus fervente avocate, rectifiant les interprétations erronées, publiant les écrits de Neal, *Première jeunesse*, et son étonnante correspondance. Elle livre un premier court jet de ses propres mémoires en 1976 sous le titre *Heart Beat* (un film en est tiré où elle est incarnée par Sissi Spacek, Neal l'étant par Nick Nolte). Une version beaucoup plus étoffée paraît en 1990 sous le titre *Off the Road. My Years with Cassady, Kerouac and Ginsberg* (maladroitement traduit par *Sur ma route*). Titre original honnête et judicieux puisque, au contraire de LuAnne Henderson, Carolyn sera toujours restée « hors » la route : elle n'aura jamais été sur elle aux côtés de Neal et Jack, et, dans l'univers beat, elle incarne au fond la parfaite (et peut-être trop compréhensive) femme au foyer, chargée de toutes les difficultés domestiques. Elle meurt en 2013, à l'âge de 91 ans.

*

## CASSADY (NEAL)

Neal Cassady et ses hauts faits sont au cœur de la légende beat autant que Perceval l'est au sein des cycles arthuriens. Il apparaît et réapparaît sous des avatars multiples. Il est Dean Moriarty dans *Sur la route* et Cody Pomeray dans *Visions de Cody* de Kerouac. Il est Hart Kennedy dans *Go* de John Clellon Holmes. Il est Houlihan dans *The Day After Superman Died* de Ken Kesey. Il apparaît sous son nom véritable dans le rouleau original de *Sur la route* publié en 2007, aussi bien que dans *Acid Test* de Tom Wolfe, dans *Hells Angels* de Hunter S. Thompson, dans *Coupable de tout* de Herbert Huncke, dans *Journal d'un vieux dégueulasse* de Charles Bukowski, dans *Mémoires acides* de Timothy Leary, etc.

C'est un phénix. Il naît en 1926 à Salt Lake City d'une mère tôt décédée et d'un père coiffeur, défait par l'alcoolisme. Il mène une enfance à la Dickens à Denver. En 1945, c'est par son ami Hal Chase, qui étudie à l'université Columbia (New York), qu'il entend parler de Ginsberg, Kerouac, Burroughs. Il arrive avec sa jeune femme LuAnne à New York en décembre 1946 pour faire leur connaissance. En 1948, après annulation de son mariage avec LuAnne, il épouse Carolyn Robinson et déménage à San Francisco. Pendant dix ans, il travaille à la Southern Pacific Company. Il effectue maints voyages avec Kerouac entre 1948 et 1952. Sa « Joan Anderson Letter* » (écrite en 1950, publiée en 2014) sera déterminante pour l'écriture de Kerouac. Alors qu'à l'origine il s'est rendu à New York dans l'espoir que Jack lui apprenne à écrire, c'est lui qui modifie du tout au tout la façon d'écrire de celui-ci au travers des lettres débordantes de vitalité qu'il lui adresse par la suite (ses fabuleuses lettres ne seront publiées qu'en 2004 dans le recueil *Collected Letters. 1944-1967*).

Poussé par Kerouac et Ginsberg, il commence dès 1948 sa propre autobiographie, dont il n'écrira que le premier tiers, d'où son titre, *The First Third* (*Première jeunesse*). Elle paraîtra en 1971, trois ans après sa mort, éditée chez City Lights* par son épouse Carolyn. De 1958 à 1960, coincé pour trois joints de marijuana, il purge une peine de prison à San Quentin. En 1964, on le retrouve au volant du bus psychédélique *Further* de Ken Kesey et des Merry Pranksters, pour une fameuse virée à travers les États-Unis (→ Bus psychédélique). Il meurt de ses excès par une nuit glacée, sur le chemin de la gare de San Miguel de Allende, au Mexique, à l'âge de 41 ans. Personnage culte dans pratiquement toute la littérature beat, il est comme un ouragan qui les soulève et les emporte tous (Burroughs excepté, imperméable à son charisme).

## CÉLINE (LOUIS-FERDINAND)

Lorsqu'ils lui rendent visite à Meudon en 1958, Burroughs et Ginsberg, qui logent au « Beat Hotel »* de la rue Gît-le-Cœur, avaient-ils connaissance des pamphlets antisémites de Céline ? Sans doute oui, même s'ils ne les avaient pas forcément lus. En tous les cas, ils devaient être au fait de l'incarcération de leur auteur pour trahison et intelligence avec l'ennemi, de février à octobre 1946, au Danemark (où il avait planqué ses réserves d'or), puisque c'est sur leur expérience de la prison que Burroughs et Céline vont un peu échanger (Burroughs a brièvement connu les prisons mexicaines). Michel Mohrt de Gallimard leur a arrangé le rendez-vous. Une demi-douzaine de gros chiens aboient à leur arrivée, Ginsberg demande s'ils sont dangereux. Treize ans après l'entrée des Américains dans les camps d'extermination, Céline répond qu'ils lui sont « utiles pour se protéger des Juifs quand il se rend à la poste »... Burroughs lui trouve des airs de « vieux concierge réactionnaire enveloppé [en plein mois de juillet] dans ses écharpes et ses couches de chaussettes ». Questionné sur Sartre, Genet, Michaux et Beckett, Céline répond que ce sont des nullités littéraires.

Qu'est-ce qui séduisait les Beats dans l'œuvre de Céline ? Sur le plan formel, à l'évidence, la recherche d'une langue neuve, argotique et rythmée, en rupture avec les conventions et la tradition, et apparemment plus proche du langage parlé. Sur le plan thématique, l'exploration des zones obscures, leur intérêt pour un voyage qui tiendrait à la fois d'une descente et d'une éventuelle remontée des ténèbres.

## CHUTE (ANGES DÉCHUS)

Jack Kerouac et Neal Cassady – Sol Paradise et Dean Moriarty dans *Sur la route* – sont des anges déchus. Leur destin est celui de tous les Icare. Sacrificiel. Puissance du Verbe : ce seul livre, *Sur la route*, les aura tant illuminés qu'aucun des deux ne résistera à l'éclat ni à l'ombre projetés. On peut dire que Kerouac, avec son maître-livre, a aussi bien divinisé que tué son héros. Quand Neal Cassady, à la fois personnage réel et incarnation romanesque, se découvre dans le miroir de *Sur la route*, il est littéralement médusé, figé en pierre. Pour lui, même si le succès du livre de son ami le ravit, *Sur la route* prend le visage de la Méduse. Il était jusqu'alors un personnage sans cesse en mouvement, au sens où l'entendait Montaigne ; le livre de Kerouac le fige, le pétrifie, le statufie, le condense et le réduit à une image partielle dont certains aspects, comme y insistera son épouse Carolyn, lui auront toujours fait horreur : ressortent ses faiblesses, ses manques, ses errances, tout ce dont il aurait voulu se défaire, et que le livre de Jack cristallise. Cassady meurt à 41 ans, en 1968, tué par son reflet. Telle n'était évidemment pas l'intention de Kerouac, mais son livre aura pris son héros au piège, autant qu'une araignée capture et retient sa proie dans la toile qu'elle a tissée. En ce sens, *Sur la route* est un livre assassin.

Quant à Kerouac, sa « chute », de l'avis de Joyce Johnson, qui était sa petite amie en 1957, aurait commencé avant même sa célébrité, c'est-à-dire en 1951 déjà, lorsqu'il se met à dactylographier le fameux rouleau. En inventant un nouveau type d'écriture, très jazzée, brisant les schémas conventionnels de la représentation romanesque, Kerouac aurait littéralement commencé à se consumer, tant cela lui demandait d'énergie, et alors même qu'il n'avait sans doute pas la solidité de caractère nécessaire pour résister à sa folle inventivité et la contrebalancer. À quoi s'ajoute bien sûr l'affreux refus de tous ses manuscrits – *Sur la route* ; *Visions de Cody* ; *Docteur Sax* ; *Maggie Cassidy* ; *Les Souterrains*, etc. –, qui le déprime profondément et alimente des pensées suicidaires.

À partir de 1957, quand *Sur la route* est publié et connaît le succès qu'on sait, Kerouac n'est pas capable de faire face à sa célébrité. Lui qui, autant que Cassady, était dans une quête d'authenticité doit soudainement entrer dans l'infernal jeu des apparences médiatiques, auquel ni l'un ni l'autre n'est préparé. Deux hommes qui cherchent à s'accomplir totalement, l'un à travers la « sainteté » de l'écriture, l'autre en vivant pleinement ici et maintenant, se sont tant et si bien approchés du soleil que leur chute était programmée… Oui, bel et bien deux anges déchus.

## CINÉMA

Autant qu'*Ulysse* ou *À la recherche du temps perdu*, *Sur la route* est un livre inadaptable au cinéma. Pour des raisons avant tout financières (Warner Bros. en aurait offert 110 000 dollars), Kerouac a pourtant espéré une adaptation cinématographique avec Marlon Brando dans le rôle de Neal Cassady. Il le savait pourtant plus que quiconque, son livre vaut essentiellement par sa langue. En faire un film ?

Il faudrait pour cela renouveler le langage cinématographique lui-même… C'est peut-être pourquoi Francis Ford Coppola, qui avait acheté les droits à la fin des années 1960, a songé à Jean-Luc Godard, qui a refusé…

Reste que, socialement parlant, l'esprit beat a imprégné quantité de films dans les années 1950 et bien au-delà (tous les *road movies* lui sont redevables). Le cinéma d'après-guerre veut donner le reflet d'une jeunesse qui bouge, en mouvement. L'Actors Studio est passé par là, a modifié le jeu des acteurs. Qu'on songe à des films comme *L'Équipée sauvage* avec Brando, *La Fureur de vivre* avec James Dean, *Graine de violence* de Richard Brooks. *Baby-boom** oblige, quantité de films de série B, du genre *Go, Johnny, Go !*, *High School Confidential !* (*Jeunesse droguée*) ou *Untamed Youth* (*Jeunesse indomptée*), uniquement destinés aux adolescents, sortent dans les salles. Plusieurs associent les Beats avec la délinquance juvénile, tels *The Beat Generation* (*Les Beatniks*), *Beat Girl* (*L'Aguicheuse*), *The Rebel Set*, *Bucket of Blood* (*Un baquet de sang*). Parmi les innombrables *road movies* qui verront le jour à partir des années 1960, citons encore *Easy Rider*, *Thelma et Louise*, *Sailor et Lula*…

Notons surtout qu'en France, au tournant des années 1960, la Nouvelle Vague inaugure un cinéma dont les *cut-ups* de Gysin et Burroughs sont au même moment d'une inspiration voisine, sur le plan de l'esthétique et du montage. *À bout de souffle* de Godard, où Jean-Paul Belmondo apparaît comme un proche cousin du voyou Neal Cassady*, ne jure en rien avec l'esthétique beat. *Last but not least*, Kerouac, Ginsberg, Corso, auront eux-mêmes joué dans le film expérimental *Pull My Daisy* (1959) de Robert Frank et Alfred Leslie.

Quant aux films directement tirés des œuvres des Beats, aucun ne sera parvenu au « rendu » adéquat. *The Subterraneans* (*Les Rats de cave*) de Ranald MacDougall, *Heart Beat* de John Byrum, *Le Festin nu* de David Cronenberg et *Sur la route* de Walter Salles (belle photographie tout de même) y échouent tous, à des degrés divers.

## CITY LIGHTS

C'est en hommage à Charlie Chaplin et à ses *Lumières de la ville* que Lawrence Ferlinghetti*, à San Francisco, baptise en 1953 sa librairie City Lights ainsi que la maison d'édition qui naît presque du même coup. Celle-ci publie *Howl* de Ginsberg fin 1956 et dans la foulée la majorité des auteurs beats. Le nom de baptême de la maison d'édition entre parfaitement en résonance avec leur univers. Le monde de Charlot contient en germe bien des éléments que les auteurs de la Beat Generation s'attachent à leur tour à mettre en évidence : Charlot incarne *The Tramp* (ainsi l'appelle-t-on en anglais, le surnom « Charlot » n'étant utilisé que dans les pays latins), soit un vagabond toujours sur la route, qui va de péripétie en péripétie, d'aventure en aventure, croise des jeunes femmes aussi idéales que des anges. Le « *Kid* » Jackie Coogan, dans le film éponyme, est même comme la jeune préfiguration du « héros » beat Neal Cassady. Même enfance, même esprit de débrouille, et même quête de poésie dans la misère du quotidien.

## CLOCHARDS CÉLESTES

On dit souvent des Beats qu'ils sont des « vagabonds » ou des « clochards célestes ». À vrai dire, la notion de « vagabond » aux États-Unis recouvre quantité de nuances qu'il s'agit de distinguer. Jack London s'y est attelé le premier, en 1897, dans un article pour *The Examiner*. Le sujet lui tenait à cœur. Il est important de différencier les *hobos*, les *tramps*, les *bums* (n'allons pas plus loin)… En simplifiant beaucoup, disons que les *hobos* sont des sans domicile fixe squattant les trains, parcourant les États-Unis en travaillant ici et là, à la façon des saisonniers qu'on rencontre dans les romans de Steinbeck. Le *bum*, lui, est un clochard peu enclin à bouger, qui a sa résidence sur Skid Row. La bouteille est sa compagne et le travail son ennemi naturel. Charles Bukowski* en est l'une des incarnations. Le *tramp*, enfin, est plus porté à la rêverie, c'est un voyageur itinérant qui se déplace selon les idéales lois de la bohème rimbaldienne, se fiant à sa bonne étoile et glanant éventuellement quelques sous en chemin, s'il y est obligé. C'est de ce côté-là qu'on devrait donc ranger les Beats (si Kerouac intitule l'un de ses livres *The Dharma Bums* [*Les Clochards célestes*], c'est que le qualificatif vient connoter spirituellement l'appellation *bums* ; dans son optique, le *bum* est surtout un « propre à rien » qui, en vertu même de cette qualité, pourrait accéder à une forme de salut).

Ajoutons que même s'ils travaillent occasionnellement, les déplacements des Beats ont toujours un but, souvent celui d'aller retrouver des amis. Leurs voyages tiennent avant tout de la quête. C'est en quoi ils s'accordent parfaitement à l'esprit d'aventure qui anime l'aventure romanesque elle-même, depuis Lancelot, Perceval et Gauvain (→ Graal).

*

## *COMIC STRIPS*

À art nouveau, terre nouvelle. Plusieurs Beats en auront été friands. Kerouac dessine et copie des BD dans sa jeunesse à Lowell (par exemple *Secret Agent X-9*), il est un fervent lecteur de *The Green Hornet* et surtout de *Krazy Kat*, qui exprime « toute l'allégresse de l'Amérique » et en cela aurait annoncé les Beats... Neal Cassady fait ses délices des histoires du Major Hoople. Ken Kesey s'identifie à Captain America. Burroughs s'essaiera même à un moment donné à la BD avec Malcolm McNeill : *The Unspeakable Mr. Hart*, rebaptisée *Ah Puch Is Here*, fut partiellement publiée mais jamais achevée. En 1965, la revue pro-beat *Evergreen* publie même en anglais *Barbarella* de Jean-Claude Forest, qui avoisine avec une publicité pour *Anges de la désolation* de

Kerouac, puis *Les Aventures de Jodelle* de Guy Peellaert. Enfin, Charles Bukowski, qui sait l'effet de la caricature, devient quasiment un personnage de BD dans les dessins de Robert Crumb, lequel, à la fin des *Sixties*, s'est fait le parfait illustrateur des univers beatnik et hippie.

Sur le plan stylistique, la BD procède par ellipse et télescopage, elle ne se prive pas de faire sortir ses personnages du cadre (Tex Avery le fait aussi dans ses *cartoons*). D'une certaine façon, on peut entrevoir là une parenté avec les techniques stylistiques beats, notamment celles d'un Neal Cassady dans ses lettres – de la rapidité avant tout ! de la spontanéité dans le trait ! dans le dessin ! dans l'esquisse ! Kerouac lui-même pratique dans ses carnets un art de l'esquisse (qu'il appelle *sketch*) dont son œuvre est largement tirée. Et les *cut-ups** aussi bien que les autres techniques de découpage mises en œuvre par Gysin et Burroughs relèvent également d'un « découpage » elliptique du réel qui se livre en « sauts et gambades », comme d'autres l'avaient déjà parfaitement compris avant eux.

*

## CONTESTATION

Elle innerve la Beat Generation et tous les mouvements qui lui succèdent. Kerouac conteste l'Amérique conformiste d'après-guerre aussi bien que les canons littéraires hérités du passé (et du futur, puisqu'ils sont encore très largement les nôtres). Burroughs conteste le pouvoir qu'exercent sur nous quantité de choses, dont l'État, la communication, les médias, et finalement le langage en général (à croire que Roland Barthes s'en inspire en 1977 quand il soutient au Collège de France que « la langue est fasciste »). Ginsberg conteste à peu près tout, de la guerre du Vietnam à la CIA et aux politiques antidrogues. Pour lui, au fond, comme pour Emerson, « la société conspire contre l'individu », c'est sa fonction, il faut le savoir, et la poésie est là pour y remédier. Hermann Hesse* l'avait dit avant eux dans son *Loup des steppes* : la société ne progresse que par sa marge (d'où l'importance des artistes). Alors, on va dire « mais non, Kerouac était réactionnaire : contre les hippies, anticommuniste et pour la guerre du Vietnam ». C'est vrai. Sauf que le monde va de réactions en réactions, n'est fait que de contradictions (lire Whitman, ou *Action et réaction. Vie et aventures d'un couple* de Jean Starobinski). Kerouac était surtout contre ce qui lui semblait une déshumanisation progressive du monde moderne, qu'il anticipe déjà sous cette forme en 1965 : « *Computers, machine-tooled minds, [...] mechanistic cops, [...] antennae, beeps, and creeps* » (« ordinateurs, cerveaux formatés, flics robotiques, antennes, bips et barjots »).

En outre, son premier livre publié, *The Town and the City* (1950), ainsi que le dernier, *Vanité de Duluoz* (1968), le montrent profondément pacifiste, sa préférence allant à un univers qui serait tout fait du « soupir des étoiles heureuses » cher à Thoreau.

## COOL ATTITUDE

Comparée à la nôtre, certains voient superficiellement l'époque des Beats comme celle d'un hédonisme et d'une liberté sans pareils. À cette époque plus qu'à aucune autre, on se serait « éclatés ». Pure apparence. Les années 1950 et le début des années 1960 ont certes véhiculé un état d'euphorie à certains niveaux, mais c'est aussi largement dû au fait qu'on sortait des horreurs de la Seconde Guerre mondiale, et que l'espoir était inhérent à cette époque-là, par une nécessité vitale – c'est toute l'histoire des Trente Glorieuses. Il n'empêche que la contestation du « système », culminant en 1968, a vite montré que l'insouciance de ces années-là n'avait relevé que d'une illusion temporaire. L'impératif hippie « *Be cool* » ne visait qu'à tempérer une inquiétude croissante devant l'avenir (la nôtre aujourd'hui). Dès le départ, Kerouac, Cassady, Ginsberg, Burroughs, etc., n'étaient pas du tout ces « fêtards » que l'on imagine parfois (l'auteur de ces lignes se l'est entendu dire dans certaines émissions de radio), principalement occupés à « jouir de la vie ». Au contraire, beats jusqu'à l'os, c'étaient des êtres habités par un souci presque kierkegaardien (chez Kerouac) qui a son pendant chez les existentialistes hantés par la question de l'Absurde tout en hantant les boîtes à jazz du Quartier latin (→ Existentialisme). Bref, des âmes tourmentées, torturées, préoccupées aussi par l'état de la société, et désireuses avant tout de pouvoir changer l'ordre des choses au travers de la perception qu'on en peut prendre et par les directions nouvelles qu'on pourrait ouvrir dans le réel, chacun à son niveau.

## CORRESPONDANCES

Elles peuvent être postales aussi bien que rimbaldiennes. Dans les deux sens du mot, la correspondance est ce qui donne au mouvement beat sa pleine résonance (→ Z comme ziggurat et zones de résonance). À plusieurs niveaux, le voyage implique un dérèglement des sens et les Beats, qui vont ici et là de par le monde, ne cessent de correspondre entre eux, de partager leurs expériences. Burroughs utilise une partie de ses lettres pour composer *Le Festin nu*. Neal Cassady expédie à Jack en 1947 sa déterminante « Great Sex Letter ». Et surtout sa « Joan Anderson Letter* », qui aide Kerouac à trouver la *forme* qui convient pour écrire *Sur la route*, début 1951, lorsqu'il glisse un rouleau de papier calque dans sa machine. Il conçoit alors l'entièreté du tapuscrit comme une lettre qu'il adresse à celle qui vient de devenir sa femme, Joan Haverty*. Même chose pour *Les Souterrains* (1953), écrit en soixante-douze heures sous benzédrine comme une « lettre à un ami », et pour son dernier livre, *Vanité de Duluoz* (1968), dont il fait explicitement de sa « p'tite femme » (la troisième) la destinataire.

Écrire une lettre permet à l'évidence une proximité avec le « lecteur » auquel elle est destinée, elle « libère » le scripteur du poids des conventions, y compris littéraires, elle autorise une certaine simplicité et familiarité, elle se refuse en principe à toute prétention, à toute mise en scène excessive ou inutile sophistication. Elle est *adressée* et réclame que l'on tienne son destinataire un peu en haleine. Elle relate des événements personnels, intimes (mais éventuellement de portée générale, universelle), etc. Bref, c'est un médium parfait, le meilleur sur le plan de l'efficacité, voire de l'esthétique, pour exprimer ce que les écrivains de la Beat Generation ont en tête. C'est aussi pourquoi les correspondances de Kerouac, Ginsberg, Burroughs, Cassady et de quelques autres, aujourd'hui dûment éditées, font impérativement partie du corpus beat.

## CORSO (GREGORY)

Allen Ginsberg sympathise avec lui dans un bar de Greenwich Village alors qu'à 20 ans, en 1950, il sort tout juste de trois ans de prison pour le vol d'un paletot. C'est un poète, manifestement ; il est aussitôt de la bande, la première recrue du noyau beat. Sept ans plus tard, il est à Tanger avec eux : Ginsberg, Orlovsky, Kerouac, Burroughs, et aussi à Paris, où il prétendra que les *cut-ups* prônés par Gysin et Burroughs n'ont nul besoin d'être découpés et colligés, car, pour ce qui le concerne, ils s'écrivent spontanément dans sa tête avant qu'il les couche sur le papier. Il sera le chéri de toutes les dames. Il fauche à Kerouac la jolie Alene Lee (*alias* Mardou Fox dans *Les Souterrains*) mais lui cèdera plus tard Joyce Johnson (alors Glassman), dont Jack garde un tendre souvenir dans *Anges de la désolation*. Ginsberg le photographie en quasi-chaman dans sa chambre du « Beat Hotel », où il écrit le plus fameux de ses poèmes, *Bomb*.

À Paris en 1958, il préfère passer l'après-midi avec une nouvelle conquête plutôt que d'aller rendre visite à Céline avec Ginsberg et Burroughs, et coupe ras la cravate de Marcel Duchamp lors de leur unique rencontre. Il voue un culte à la Grèce et aux grands poètes anglais du XIXe siècle, Shelley, Keats, Byron… En même temps, il est considéré comme l'un des Beats les plus givrés et indécrottables, à l'égal de Cassady, et boit énormément. Il se fait enterrer à Rome à deux pas de son frère d'âme Percy Bysshe Shelley (Keats est à peine plus loin).

## CRIMES

Comme si une fatalité avait voulu faire d'elle une héritière des romans et films de la *hard-boiled school* ainsi que de l'époque de la prohibition, la Beat Generation aura dès le départ baigné dans le monde du crime, parfois sur un mode digne des *Pieds nickelés*, un zeste de tragédie en plus. Lucien Carr, 25 ans, personnage clé qui amène Burroughs, Ginsberg et Kerouac à se rencontrer en 1944, poignarde à mort puis plonge dans les eaux de l'Hudson le corps de son ex-professeur David Kammerer, qui le poursuivait de ses assiduités. Kerouac l'aide à cacher l'arme du crime. Après la condamnation de Lucien Carr, inspirés par cette matière, Kerouac et Burroughs coécrivent dans la foulée un roman à la Dashiell Hammett, *Et les hippopotames ont bouilli vifs dans leurs piscines* (il ne sera publié qu'en 2008). En 1946, William Burroughs cherche à refourguer un flingue qu'il a trouvé Dieu sait où, et c'est ainsi qu'il se lie avec Herbert Huncke et la pègre new-yorkaise. En 1949, Ginsberg aide ce même Huncke à dissimuler le butin d'un cambriolage, et voilà les brigands poursuivis en bagnole par les flics dans la meilleure tradition hollywoodienne (Ginsberg est blanc comme un linge mais son amie et complice Vicki la Rousse veille sur lui [→ Prostituées]). Le premier finit à l'asile psychiatrique, le second emprisonné à Rikers Island

(New York). En 1951, Burroughs abat son épouse Joan en jouant avec elle à Guillaume Tell. Neal Cassady passe les années 1958 à 1960 à San Quentin, piégé par un trio d'inconnus auxquels il offre gracieusement trois joints de marijuana pour service rendu ; or ce sont des flics en civil.

Alors oui, le monde beat baigne à des degrés divers dans le crime. Mais quoi d'étonnant ? Le crime renvoie à tout ce que l'être humain recèle en lui de pulsionnel, il fait partie du cocktail : autant que le sexe, le jazz, le rock, il est de mèche avec les zones d'ombre de l'âme humaine et les instincts basiques, bref, avec tout ce que Freud range dans le grand réservoir du Ça. D'ailleurs, l'écriture spontanée elle-même ne relève-t-elle pas du crime ? Elle passe outre les limites. Enfreint la loi. Autant que le *cut-up*. Finalement, il est assez symptomatique que *Junkie* de Burroughs, peut-être le premier livre beat jamais publié, ait paru chez Ace Books, la maison d'édition la plus réputée pour ses romans de mauvais genre, crimes, prostitution et ses récits horrifiants. Quand quelques années plus tard, la délinquance juvénile fait leur une, les journaux américains ne manquent pas d'établir un facile rapport de filiation avec la Beat Generation.

*

## *CUT-UP*

Tristan Tzara le dira à Brion Gysin lors d'une rencontre au Royal Saint-Germain : « Pourquoi tes amis refont-ils ce que nous avons déjà fait il y a près de quarante ans ? » Bonne question. La technique du *cut-up*, d'où naîtront dès 1960 des textes comme *Minutes to Go* (de Burroughs, Gysin, Beiles, Corso) puis *La Machine molle*, *Le Ticket qui explosa* et *Nova Express* de Burroughs, ne serait-elle qu'une rejetonne du « cadavre exquis » inventé par les dadaïstes, avec tout de même un rien d'élaboration, de choix et de mises en place ? Gysin répond à Tzara : « Parce que vous n'avez pas suffisamment exploré la chose, et qu'on peut la faire mieux. » C'est lui qui a eu l'idée du *cut-up*, à laquelle s'associe aussitôt l'ami Burroughs. Ils logent tous deux au « Beat Hotel » de la rue Gît-le-Cœur à Paris. C'est-à-dire à l'étranger, et peut-être n'est-ce pas tout à fait indifférent. N'est-ce pas parfois de l'extérieur qu'on commence à mieux voir les choses ? En profitant de la distance pour mieux les appréhender ? De quoi est-elle faite, la réalité ? Ne se délivre-t-elle pas à nos perceptions de manière fragmentée, aléatoire, éclatée, et donc féconde ? Et si elle se livre de cette façon, n'est-ce pas avec les mêmes armes qu'il faut relever le gant ? Elle n'en ressortira que plus authentique, riche, révélera peut-être les secrets qu'elle pourrait encore dissimuler…

Burroughs se range d'autant plus volontiers à cette idée qu'avec tout un courant de la littérature contemporaine, il est d'avis qu'il faut « faire voler en éclats le mythe de l'auteur omniscient, et en revenir à ce qu'est réellement l'existence, à savoir un découpage ». Pour pareille tâche, Burroughs – et il doit le sentir – est exactement l'homme de la situation, celui des expérimentations. Un Géo Trouvetou. Un exterminateur (il écrira *Exterminator !*). Un praticien, un intervenant, un opérateur. Cette technique du *cut-up*, qui consiste à découper des textes pour les réarranger et les rabouter à sa guise de façon plus ou moins aléatoire, elle est pour lui, sans aucun doute, à ranger au rayon des accessoires utiles, au même titre que la machine à orgones de Wilhelm Reich et la stroboscopique *Dream Machine* de Gysin et Sommerville. Des sortes de boîtes magiques. Que pourrait-il en sortir, en jaillir ? Eh bien, entre autres, le roman lui-même, puisque dans la conception de Burroughs, il est du même ordre : une boîte que l'on fabrique pour voir ce qu'elle pourrait contenir et ce qui pourrait s'en échapper. Sur ce point, Kerouac et Burroughs empruntent des voies divergentes – même si dans *Visions de Cody* Kerouac s'essaie à un rien d'écriture éclatée. Kerouac, en effet, croit encore à l'auteur et à son pouvoir d'unifier les choses, par la force de visions justement, l'écriture spontanée offrant une voie pour y parvenir et en être l'expression (→ Visions).

*

## DI PRIMA (DIANE)

Elle est la Vénus féconde de la Beat Generation, la première femme à l'allaiter de ses multiples mamelles, et longtemps la seule à émerger publiquement de la galaxie beat. En 1934, comme née de la côte de quelques Adam, huit ans après Ginsberg et Cassady, douze après Kerouac, elle est celle qui fait décidément entrer, poétiquement, la femme dans cet univers littéraire. Il est vrai que tout la distingue des demoiselles et épouses des années 1950, qu'elle brise complètement l'image féminine d'après-guerre. Elle se marie deux fois, mais divorce à chaque fois (qu'on songe à l'opprobre qui frappait la femme divorcée dans les années 1950), plusieurs de ses cinq enfants naissent hors mariage. Dès l'âge de 7 ans, elle écrit de la poésie, fait ensuite de brillantes études, correspond avec Ezra Pound, auquel elle rend visite au St. Elizabeths Hospital de Washington, se lie avec le poète Frank O'Hara, avec Allen Ginsberg et avec Kerouac, file à l'Ouest, revient à New York, où ses amis poètes Hettie Jones et LeRoi Jones (Amiri Baraka après sa conversion à l'islam) publient en 1958 chez Totem Press son recueil *This Kind of Bird Flies Backward*. Elle rejoint la communauté psychédélique de Timothy Leary à Millbrook Farm, puis les Diggers d'Emmett Grogan (ancêtres des Restos du cœur) à San Francisco, milite pour les gays, les obèses, se fait bouddhiste, se passionne pour l'alchimie. Prolifique à l'extrême, elle publie quelque cinquante livres, principalement de poésie, dont la suite des *Loba*.

Preuve de son intégration ou de son intime pénétration du monde beat (d'apparence tout de même si masculine jusque-là) : lorsque le Parisien Maurice Girodias lui commande un livre pour sa maison d'édition Olympia Press, elle ne résiste pas une seconde à son invite d'en faire un ouvrage érotique (Olympia Press oblige, qui compte Henry Miller et *Lolita* à son catalogue). Son « autobiographie » *Mémoires d'une beatnik* (1969) ne manque donc pas de raconter une orgie, très vraisemblablement imaginaire, entre elle-même, Jack Kerouac, et Allen Ginsberg (→ *Yabyum*). Une Vénus, disions-nous ? Elle aura si bien incarné charnellement et spirituellement la transition entre les ères beat, beatnik et hippie qu'une superbe photo d'elle, prise par James Oliver Mitchell (merveilleux « *rendu* » de l'univers beat), orne la couverture d'à peu près toutes les éditions de ses *Mémoires d'une beatnik*.

## DOSTOÏEVSKI (FEDOR)

Il est familièrement appelé « Dusty » par les Beats – ce qui traduit bien leur sentiment de proximité avec le romancier russe. Le terme « *beat* » lui-même entre en résonance avec son univers, en ce qu'il renvoie aux humiliés et offensés. En 1949, c'est sous le nom de Kirilov que Carl Solomon* se présente à Ginsberg lorsqu'il fait sa connaissance à l'hôpital psychiatrique de Columbia. Allen lui répond aussitôt : « Et moi, je suis le prince Mychkine. » Les Beats se sentent résolument du côté des idiots et des innocents. Ginsberg le dira toujours : sa vertu cardinale ? Elle tient dans sa « *candor* », au sens de franchise, sincérité. D'ailleurs, son cri, *Howl*, dans l'Amérique des années 1950, est bien celui d'un offensé (le poème commence par : « *I saw the best minds of my generation destroyed...* »). Jack lui fait écho quand il intitule l'un de ses livres *Les Souterrains*. Tout comme les possédés ou les démons du maître russe, les Beats se voient peu ou prou comme de jeunes révoltés susceptibles de miner et subvertir l'ordre établi, non pas politiquement (du moins jusque dans les années 1960), mais dans l'ordre de la représentation du monde, artistiquement. Leur univers, tout autant que celui du Russe, est marqué par la faute, le crime*, le tourment et le châtiment. Cassady est un joueur fonçant en voiture comme on joue à la roulette russe. Burroughs tue involontairement sa femme à l'occasion d'un jeu idiot. Ginsberg autorise la lobotomisation de sa mère schizophrénique, et son poème *Kaddish*, prière pour les morts, vaut comme acte de rédemption. Herbert Huncke publie ses mémoires sous le titre *Coupable de tout.* Et Kerouac se sent tout simplement coupable d'exister.

## DROGUES

Alors que pendant la Seconde Guerre mondiale, la pervitine booste l'armée allemande, rend les soldats euphoriques, chasse la peur et le besoin de dormir, les Britanniques utilisent une amphétamine similaire, la benzédrine. Avec la marijuana, la benzédrine est la drogue dont il est le plus question dans l'œuvre de Kerouac. Jack y recourt pour écrire *Tristessa* (en revanche, *Sur la route* n'aura été écrit qu'à haute dose de café, selon l'exemple de Balzac). La benzédrine n'est pas chère, on l'achète en pharmacie sous forme d'inhalateurs pour lutter contre la fatigue ou contrer la prise de poids. Il suffit d'extraire de l'inhalateur le bout de tissu imbibé de la substance, et de l'absorber. Joan Vollmer, l'épouse de William Burroughs, en fait un usage intensif. Tous les Beats auront recouru au peyotl et à la marijuana. Au début des *Sixties*, Timothy Leary fait tâter à Kerouac de la psilocybine. Mauvais trip. Jack lui rachète tout de même douze champignons, qu'il avale d'un seul coup pour un nouveau mauvais trip : on ne l'y reprendra plus.

Quant au LSD ? En 1965, le bus *Further** de Ken Kesey et de ses Merry Pranksters parcourt d'un bout à l'autre les États-Unis pour en célébrer les vertus : l'acide n'est pas encore interdit (il le sera en 1968). Pour l'héroïne, c'est évidemment du côté de William Burroughs qu'il faut regarder. *Junkie. Confessions of an Unredeemed Drug Addict*, qu'il publie en 1953 sous le pseudonyme de William Lee, raconte froidement, sans y mettre aucun affect, son expérience d'*addict*. Et quand il gagne les forêts d'Amazonie, c'est pour tenter d'y expérimenter le yagé (ayahuasca), plante hallucinogène aux pouvoirs éventuellement télépathiques (voir *Les Lettres du yage*, sa correspondance avec Ginsberg).

À souligner, peut-être en schématisant : alors qu'aujourd'hui et depuis les années 1980 les drogues dures sont le plus souvent utilisées pour survivre dans un « réel » devenu précisément trop dur et exigeant (on recourt à la cocaïne jusqu'à Wall Street), on se figure encore dans les années 1950 et 1960 qu'elles pourraient ouvrir les « portes de la perception » (si l'on en croit le titre du livre d'Aldous Huxley *The Doors of Perception* [*Les Portes de la perception*], qui s'inspire d'un vers de William Blake dont se souvient aussi Jim Morrison quand il baptise son groupe The Doors).

## DYLAN (BOB)

À la parution de *Sur la route*, en 1957, Bob Dylan et Joan Baez ont 16 ans (et John Lennon 17 ans). Depuis un an ou deux, ces futurs héros de la *protest song*, du *Flower Power* et de la contestation à venir sont secoués, bouleversés par la déferlante du rock'n'roll qui éclate en 1955. Dylan se produit dans son lycée avec son groupe The Cashmeres, hurlant *Jenny, Jenny, Jenny* et *True Fine Mama* de son dieu Little Richard. Or, cette même année voit aussi l'envol du mouvement beat grâce à la lecture de *Howl* à la Six Gallery*. Dylan découvre *Mexico City Blues* et déclare aussitôt que, voilà, pour lui, « Kerouac est le premier écrivain américain à écrire véritablement de la poésie en américain » (adieu le classicisme de la langue anglaise). À ses yeux sont enfin présents, grâce à Jack, quantité d'éléments constitutifs de l'Amérique elle-même : un rythme, un *beat*, un tempo, une spontanéité propre à ce continent encore très neuf qui capte les choses dans l'instant…

Fertile sera donc, en 1963, la rencontre de Bob Dylan avec la figure quasiment paternelle d'Allen Ginsberg, qu'il initie à l'harmonium. Leur aura respective s'en trouve encore accrue, et leur connivence permet la formidable convergence de l'Amérique folk et bohème d'un Woody Guthrie (autre influence de Dylan) et de la mouvance beat. Tout cela grossit encore la lame de fond de la contre-culture américaine en train de naître. La chanson de Dylan *Desolation Row* est d'inspiration toute kerouacienne. Et le film *Don't Look Back* (1965) de D.A. Pennebaker nous vaut cette mémorable séquence, à Londres, où l'on voit Dylan chanter *Subterranean Homesick Blues* en lâchant au vent les paroles de la chanson inscrites sur une dizaine de pancartes, avec Ginsberg qui apparaît à l'arrière-plan. Notons que c'est à l'occasion de ce même passage dans la capitale anglaise en 1965 que Dylan présente Ginsberg aux Beatles, favorisant encore une nouvelle alliance. Si bien qu'en 1994, Ginsberg, fin nez, pouvait même m'assurer que Dylan finirait par être considéré comme « peut-être le plus grand poète de la deuxième moitié du XX$^{e}$ siècle » – au même titre, ajoutait-il, que l'était la poétesse Sappho qui s'accompagnait d'une lyre à cinq cordes dans la Grèce antique.

## ÉCOLOGIE

Rien d'étonnant à ce que le mouvement beat se soit d'emblée ouvert à l'écologie – terme très peu employé au début des années 1960. Ne serait-ce que parce qu'il se réinscrit dans une tradition inaugurée par Fenimore Cooper et sa *Prairie*, Emerson et son essai fondateur *Nature*, Thoreau et son *Walden*, Whitman et son *Feuilles d'herbe*.

Gary Snyder*, qui publie un premier recueil de poèmes, *Riprap*, en 1959, est généralement considéré comme le plus écolo des Beats. C'est lui qui, rebaptisé Japhy Ryder par Kerouac dans *Les Clochards célestes*, l'initie au bonheur rousseauiste d'une grimpée jusqu'au sommet du Matterhorn californien. Autant que Kerouac, Snyder a cette conscience profonde que notre univers forme un tout, et que tout se tient. La matière n'est pas séparable de l'esprit (et c'est pourquoi, loin de toute dualité, sa pensée s'oriente vers les spiritualités orientales).

Michael McClure et Ginsberg sont eux aussi d'ardents défenseurs d'une prise de conscience écologique, et Kerouac parle de la terre comme d'une chose sacrée, citant volontiers Pascal dans *Vanité de Duluoz* : « Il y a des perfections dans la Nature qui prouvent qu'elle est l'image de Dieu. » Bref, tous les Beats, de Philip Whalen à Anne Waldman, se seront élevés contre le consumérisme effréné qui s'empare des sociétés humaines dès le début des Trente Glorieuses, prônant, avant que l'expression ne voie le jour, un « éveil à la conscience écologique ». Une seule contradiction (apparente puisqu'il les mène très rapidement à la casse) : Neal Cassady, qui voue un culte à la voiture – « *Do I contradict myself? Very well then I contradict myself* ».

## ÉCRITURE SPONTANÉE

L'écriture spontanée d'un Kerouac diffère du tout au tout de la prose, très composée, d'un Flaubert, d'un Tolstoï, d'un Conrad ou d'un Nabokov. Elle n'entend pas « représenter » les choses à la façon d'un peintre qui nous « montre » son sujet, à bonne distance sur la toile. Non, elle veut se confondre avec la vie elle-même, obéir à son flux, elle se voudrait la vie elle-même ! L'ambition est d'explorer les mots et les choses presque musicalement, dans toutes leurs virtualités possibles, de la même façon qu'un Charlie Parker se lance avec son saxo dans les plus folles improvisations.

L'écriture spontanée se distingue aussi de l'écriture dite « automatique » des surréalistes. Certes, chez ceux-ci comme chez les Beats, pas question de s'inscrire dans une quelconque tradition du roman – genre issu par définition d'un certain ordre bourgeois. Néanmoins, le surréalisme est tenu de se soumettre à certaines injonctions normatives, édictées par le grand prêtre du mouvement, André Breton.

Le surréalisme prétend, par des télescopages et juxtapositions entre des éléments réels, fantasmatiques ou rêvés, révéler la banalité quotidienne sous un jour inhabituel, insolite. Ainsi s'efforce-t-il de toujours surprendre, étonner, déconcerter. Le réel n'est plus le réel : s'il le faut, on n'hésite pas à le mettre en scène, à jouer sur l'inattendu. La surprise doit être reine.

L'écriture beat, elle, du moins telle que la conçoit Kerouac, se refuse à cette forme de principe. Sa priorité est ailleurs : elle se veut spontanée dans la mesure où une certaine « sainteté » émanerait du plus banal, du plus commun, du plus trivial. Inutile de rêver et de transcender le « réel » : sa « sainteté » est immédiate. Ainsi Kerouac introduit-il le terme « vision* » dans les titres de plusieurs de ses livres : *Visions de Cody* ; *Visions de Gérard*. La vision n'a pas pour mission de montrer ni révéler ce que le réel recèlerait d'insolite. Elle relève de l'exploration. Elle n'est pas de l'ordre du « constat », de l'« exposition », mais de la « recherche », dans un sens peut-être assez similaire à celui que lui donne Proust. La vision participe d'un flux énergétique, elle est la vie dans un présent qui contient tout le passé et l'avenir ! Et l'écriture spontanée est un outil qui permet d'en rendre tout le mouvement.

## ENFANTS DE...

Il ne l'a jamais reconnue officiellement, mais Kerouac est le père de Jan Kerouac, qui naît en 1952 de son bref mariage avec Joan Haverty*. Conçue au moment même où Jack tape le rouleau de *Sur la route*, elle ne rencontrera son père que deux fois, aux âges de 9 ans et de 16 ans. Jack l'autorise alors à utiliser son patronyme : « *Use my name* », lui dit-il. Ce sera son nom de plume. Très jolie (elle ressemble terriblement à Jack), elle connaîtra une triste destinée, plonge dans l'héroïne à l'âge de 13 ans, se prostitue occasionnellement, mais nous laisse deux livres semi-autobiographiques,

*Baby Driver* (1981) et *Train Song* (1988) ainsi qu'un inédit, *Parrot Fever*. Ginsberg et Gerald Nicosia lui viendront en aide. Souffrant d'insuffisance rénale, elle décède en 1996, à l'âge de 44 ans. Auparavant, Gerald Nicosia, biographe de Kerouac, aura consacré tous ses efforts à ce que l'héritage de l'œuvre de son père, devenu considérable dès le *beat revival**, lui revienne. En vain. En 2021, un journaliste du *Guardian* relève ce triste paradoxe : « Il est tragique qu'un père et une fille ayant tous deux si manifestement suivi une même trajectoire autodestructive soient à jamais restés étrangers l'un à l'autre. » Nicosia renchérit : « Jan aurait pu avoir un père, et Kerouac ne serait peut-être pas mort aussi dépressif, solitaire et alcoolique s'il avait compris qu'il avait une fille si brillante, belle et aimante. »

Le fils de William Burroughs et Joan Vollmer, qui naît en 1947, aura eu une trajectoire assez similaire. « Billy » (William Burroughs, Jr.) est élevé par ses grands-parents après que sa mère a été accidentellement abattue par son père quand il avait 4 ans. Autant que Jan Kerouac, il ne voit pour sa vie d'autre voie que celle empruntée par son père : il publie à 23 ans le semi-autobiographique *Speed* (1970), et *Kentucky Ham* trois ans plus tard. Toxicomane comme Jan Kerouac (lorsqu'il naît en 1947, ses parents le sont), bourré d'amphétamines et alcoolique, il meurt d'une cirrhose en 1981, à l'âge de 34 ans.

Neal et Carolyn Cassady sont plus heureux : elle lui donne deux filles et un garçon. Tous trois s'occupent aujourd'hui encore d'entretenir la mémoire de leur père : c'est ainsi qu'on doit au Neal Cassady Estate l'importante publication en 2020 de la fameuse « Joan Anderson Letter* » par la maison d'édition britannique Black Spring Press.

## ÉPIGONES

Épigone ? Le plus simple est que je prenne mon propre exemple – les Beats veulent qu'on soit parfois personnel.

Depuis ma lecture de *On the road*, acheté vers 1963 sur le tourniquet d'un kiosque de gare, j'avais envie de savoir qui était cette fille « délurée », cette « *beautiful little sharp chick* » appelée Marylou dont Kerouac parle dès la première page de son livre, la saisissant à cet instant où, au côté de son époux, le jeune et fringant Dean Moriarty (Neal Cassady), elle descend avec lui d'un *Greyhound bus* et pose les pieds sur le macadam new-yorkais. J'avais 16 ans. Pouvais-je pressentir qu'un jour je rencontrerais cette jeune personne, et écrirais même tout un livre sur elle ? J'ignorais encore que les dieux nous font parfois des faveurs. Elle vivait dans un mobil-home près de Sonoma. Un coup de fil avait suffi : LuAnne (c'est son vrai nom) m'attendrait tel jour de décembre 1997 à la sortie de l'aéroport de San Francisco, parquée à tel endroit dans une Chevy rouge. C'était deux mois plus tard. En raison d'un ciel tempétueux, mon avion avait quatre heures de retard… « Foutu ! », m'étais-je dit à l'atterrissage. Jusqu'à ce que, oui, tout à coup, à la sortie de l'aéroport, à l'endroit dit, surgie d'un rideau de pluie, m'apparaisse la Chevy rouge, floutée par le déluge. À travers le déluge liquide qui bat et ruisselle sur le pare-brise, j'aperçois progressivement le visage de LuAnne, qui prend forme et contours. Une cigarette aux lèvres – la énième assurément, pour accompagner sa longue attente. Je monte à bord. Elle embraie, file sur la route. M'emmène. C'est évidemment à cet instant que devra débuter mon livre sur elle, si je l'écris un jour… Car s'asseoir à côté de « Marylou » dans cette Chevy rouge, n'était-ce pas, *on the road again*, comme entrer littéralement dans un roman : celui de Kerouac, celui de LuAnne, et le mien peut-être ?

La voix de LuAnne m'importait (autant que celle des autres Beats que j'avais déjà rencontrés). En parallèle à celui de Kerouac, un livre inspiré par elle ne pourrait-il offrir le regard proprement féminin, jeune et vivace, d'une *teenager* de 15-16 ans qui s'est trouvée être l'un des personnages principaux de *Sur la route* ? Ne fallait-il pas qu'une pareille jeune fille soit elle aussi prodigieuse ? N'importait-il pas de faire entendre cette voix qu'avaient aussi entendue Neal

Cassady, Jack Kerouac et les autres ? Je ne suis bien sûr pas le seul à avoir subi ce genre d'attraction. Tim Z. Hernandez a écrit tout un roman, *Mañana Means Heaven*, sur l'épisode amoureux entre Kerouac et sa petite amie mexicaine Bea Franco (Terry dans *Sur la route*) (→ Fièvre d'écriture).

✳

## EXISTENTIALISME

« On ne peut pas comprendre le mouvement beat si on ne le met pas en rapport avec l'existentialisme », me dit Ken Kesey (→ *Further !* ; Bus psychédélique), ce jour où je le rencontre dans son ranch au pied de Pleasant Hill en Oregon. Il a bien sûr raison. Les Beats savaient ce qui se passait à la même heure à Paris, ils avaient lu Sartre, Camus. Et ce qu'ils recherchaient, de la même façon que les existentialistes de Saint-Germain-des-Prés, Sartre, Gréco et bien d'autres, comme les zazous (Carolyn voyait en Neal Cassady un zazou style Boris Vian), c'était bel et bien de « nouveaux chemins de la liberté ». Les deux mouvements se font écho. Une chose tout de même les distingue fortement : les Beats émergent dans le « Nouveau Monde », à peine vieux de quatre siècles, sans grande tradition philosophique ni littéraire. L'existentialisme, lui, a 2 500 ans de culture derrière lui, il est enraciné dans la vieille Europe. Le passé pèse sur lui de tout son poids, d'où justement chez Sartre cette irrépressible aspiration à retrouver l'innocence des commencements, une forme de « liberté » dégagée de tout. L'existentialisme, qui a frayé son chemin jusqu'à lui au travers des pensées de Kierkegaard, Husserl, Heidegger, s'attache à mettre en évidence l'*absurde*.

Outre-Atlantique, c'est autre chose : le poids de l'histoire ? Aisé, sur cette terre nouvelle, de s'en débarrasser. La liberté n'est pas à conquérir, elle est là, si bien que l'absurde ne saurait guère faire sens dans la genèse de la pensée américaine. Le transcendantalisme d'Emerson, père de ce courant de pensée, repose entièrement sur l'affirmation de soi et d'une pensée absolument ancrée dans les lois de la nature, dont l'homme n'est nullement « séparé », mais au sein de laquelle, au contraire, il n'a jamais été ni ne sera jamais un « étranger ». On est très loin de *La Nausée*, où Roquentin vomit sur quelque racine d'arbre. Aux yeux des Américains, cette terre qui s'offre apparaît providentielle.

Pour ses premiers habitants, les indigènes, le rapport avec elle n'a même jamais été d'appropriation : au contraire, l'existence des Indiens était nomade, résidait dans le mouvement, le déplacement, dans une complémentarité mouvante avec la nature. Comment ne pas voir que les Beats, à commencer par Kerouac (convaincu que sa grand-mère maternelle était iroquoise), renouent avec cette *essence-là* (ce rapport essentiel et non pas existentialiste envers la matière) ? Ils adhèrent à cette idée que, par une sorte d'osmose avec une terre aimée, on peut entrer dans une compréhension plus intime de ce qu'est l'Amérique, en sa nature profonde et « nomade », selon un rapport de proximité et de réciprocité (non pas d'exploitation) entre les êtres animés et le sol sur lequel ils vivent (→ Écologie).

## FERLINGHETTI (LAWRENCE)

Lawrence Ferlinghetti est sans doute le plus « français » des Beats. Et une sûre incarnation de la longévité du mouvement, puisque né en 1919 près de New York, il meurt en 2021, à 102 ans, à San Francisco. Il aura tout lu, tout connu. Officier de marine pendant la Seconde Guerre mondiale, il poursuit des études de lettres à la Sorbonne, s'intéresse à Breton, Artaud, Prévert. Reparti à San Francisco, il y enseigne le français de 1951 à 1953, et fonde cette année-là la librairie City Lights*, qui deviendra aussi une maison d'édition. New Directions publie son premier recueil de poèmes, *Pictures of the Gone World*, en 1955. Le deuxième, *A Coney Island of the Mind*, lui vaut une reconnaissance nationale. Après avoir assisté à la fameuse et déterminante lecture de *Howl* par Allen Ginsberg* à la Six Gallery* de San Francisco en 1955, Ferlinghetti lui adresse un message qui paraphrase à cent ans d'écart la fameuse lettre d'Emerson à Walt Whitman, célébrant son *Feuilles d'herbe* : « Je vous salue à l'aube d'une grande carrière – quand recevrais-je le manuscrit de *Howl* ? »

Sa contribution au lancement des écrivains de la Beat Generation (à laquelle il ne se sent pas réellement appartenir) n'est pas mince, puisque, publiant *Howl*, il doit encore essuyer un procès monstre, pour cause d'obscénité. Il le remporte, ce qui ne fait qu'accroître la renommée de cette œuvre fondatrice de la Beat Generation au même titre que *Sur la route* de Kerouac. La cabane de Bixby Canyon sur la côte pacifique, qu'il prête à Kerouac en 1961, sera le lieu d'élection de ce dernier pour l'écriture de son « roman vrai » *Big Sur*. Aujourd'hui, la librairie et la maison d'édition City Lights restent emblématiques de la littérature beat. Rappelons aussi que City Lights aura été aux États-Unis l'une des premières maisons à se faire une spécialité du livre de poche, créant dans ce format une collection spécialement dévolue à la poésie, « Pocket Poets Series ». Elle aura publié presque tous les Beats, sans même oublier Charles Bukowski* au tournant des années 1970, avec *Journal d'un vieux dégueulasse* et *Contes de la folie ordinaire*.

## *FESTIN NU*

Contre toute attente, puisque la singularité est en principe au centre des œuvres beats, *Le Festin nu*, titre qu'on doit à Kerouac, est un livre quasiment collectif (les chemins de la liberté ne se refusent rien). Certes, Burroughs, entre deux piqûres de morphine, noircit des tonnes de feuillets à Tanger dès 1954, utilisant entre autres à cet effet les lettres qu'il écrit à Allen Ginsberg. Mais très tôt, appelés à son secours, Kerouac et Ginsberg l'aident à trier et mettre ce matériau en forme – Kerouac y passe l'essentiel de son temps à Tanger. Lorsque Ginsberg file à Paris, Burroughs l'y suit. En 1958, logeant au « Beat Hotel » de la rue Gît-le-Cœur, tous deux, avec l'aide encore de Brion Gysin, continuent de façonner *Le Festin nu*, qui connaîtra un nombre incroyable de remaniements et de versions, l'important étant de s'arrêter juste à temps, avant de verser dans l'incohérence, comme tentait de le faire comprendre Balzac dans son *Chef-d'œuvre inconnu*. Burroughs le dira à son biographe Barry Miles : « Tout le monde s'est mis à la tâche. C'est amusant car j'ai un peu travaillé dessus [...] Il y a eu un gros travail de révision pour donner sens au manuscrit. »

Le livre est sous presse le 30 juillet 1959, un mois après l'ultimatum de quinze jours qu'a fixé Girodias, l'éditeur d'Olympia Press, pour la remise du manuscrit. Du coup, la logique du *Festin nu* se révèle des plus aléatoires mais pourquoi pas, puisque ainsi se donne le réel, dans les perceptions éclatées et transitoires que chacun de nous en prend. Si son but est de le rendre, la littérature ne doit-elle pas relever d'un même découpage (→ *Cut-up*) ?

## FIÈVRE D'ÉCRITURE

Est-ce un hasard ? Le morceau *Fever* naît et passe sur les ondes un an avant la sortie de *Sur la route* en 1957, restituant en partie la tonalité de l'époque, du contexte, de l'ambiance. La lecture d'un livre est-elle susceptible de déclencher la fièvre ? Celle de la plupart des livres nous « comble » une fois qu'on les a lus. Le plus souvent, on n'y revient pas, on passe au suivant, on enchaîne les romans et les lectures simplement pour obéir à ce curieux besoin qu'on nous raconte des histoires. Or, avec Kerouac, ça ne marche pas comme ça, même si ses livres abondent en péripéties diverses. Les « histoires » ne se terminent pas comme chez Dreiser, Fitzgerald, Hemingway, Steinbeck... Car l'écriture selon Kerouac n'a pas pour fonction de nous raconter des histoires : son but est plutôt de nous entraîner dans une « fièvre d'écriture », elle agit en nous, elle est contagieuse, elle nous embrase. Son œuvre contamine : « *Give me fever !* » Philippe Djian, fan de Kerouac, le dit très bien : elle nous donne envie de taper du pied, de battre la mesure, c'est-à-dire d'écrire nous-mêmes. C'est comme si Kerouac invitait chacun à se saisir d'un crayon ou d'un stylo, et d'écrire ce qui le traverse. Sachant que ce qui compte et est essentiel dans notre vie, c'est de la mettre en forme, chacun à sa façon. Un besoin, un impératif que l'on ressent tout particulièrement à l'âge adolescent : aucun scénario n'est fourni, élaboré d'avance. De ce qui adviendra dans le futur, on ne sait rien, toutes les routes restent ouvertes. Autrement dit, la lecture de *Sur la route* à 16 ans crée délibérément un manque, qu'il importera à chaque jeune lecteur de combler lui-même. Éventuellement en cédant à la fièvre d'écrire.

## FLINGUES

D'une certaine façon, le flingue, dès les origines, est un objet fondateur de la légende américaine (les conquistadores usaient de fusils à un coup comme plus tard les trappeurs et les Hurons de Fenimore Cooper ; d'emblée ça sent la poudre). Si bien que l'histoire des États-Unis se fond et confond avec une succession de détonations. C'est ainsi que les flingues abondent dans la littérature beat, où, par force, ils jouent un rôle pivot : l'arme à feu y donne un tour nouveau aux événements, vécus et littéraires. Burroughs rencontre Herbert Huncke et pénètre dans le monde de la drogue en cherchant à lui vendre un flingue. Neal Cassady pique un revolver à son pote Al Hinkle puis fait mine d'attenter à ses jours sous les yeux de son épouse Carolyn, horrifiée. Kerouac est tout fier de porter un uniforme de gardien à Marin City et d'arpenter le dimanche les parcs de Frisco un flingue à la ceinture pour épater les jeunes filles qui croisent son chemin, content de leur exhiber l'engin.

Ensuite, c'est un bien méchant coup de feu qui décide de l'entrée en littérature de Burroughs, n'y revenons pas... et c'est à la pratique du *shotgun painting* que celui-ci voue la fin de sa vie artistique.

*

## FRANK (ROBERT)

Le 9 septembre 2019, mort de Robert Frank. Elle fait la une de *Libération*, qui titre : « L'ultime représentant de la Beat Generation » et lui consacre six pages intérieures. *Le Monde* et *Le Figaro* célèbrent la disparition d'un « géant de la photographie ». L'homme aurait à la fois changé notre vision de l'Amérique et notre conception de l'art photographique (loin des canons forgés par Cartier-Bresson, Capa ou Doisneau). On dit de lui qu'il a « démocratisé » l'art de la photo, en ce sens qu'artistiquement parlant il ne croit pas aux vertus de la technique : on est photographe ou on ne l'est pas. Ce dont il s'agit dans la photographie, c'est de l'âme d'une personne qui se sert d'un outil pour mêler son âme propre à l'âme du monde, dans un même mouvement d'empathie et de sympathie. C'est ce dont témoigne *Les Américains* de Robert Frank, dont Jack estime aussitôt qu'il s'agit d'un livre de *compassion* ; il y est immédiatement attentif lorsque Frank lui en soumet les photos peu après la sortie de *Sur la route*. Les deux hommes ont le même sentiment d'évoluer quelque part loin en orbite à la périphérie de ce qu'on appelle la scène beat, en train de se constituer médiatiquement. D'être même des *aliens* sur cette planète beat en voie de formation. Ce que veut Frank, c'est faire de son livre un tout absolument cohérent, dont chaque partie, chaque photo, chaque blanc, entrera en écho avec un plus grand tout (ce que Kerouac appelait déjà le « Grand Poème » de l'Amérique). Les sons, les mots et les couleurs, fussent-elles en noir et blanc, se répondent.

Kerouac promet une préface, qu'il rédige en une quinzaine de jours. Il sait que ce travail entre en résonance avec ce qu'il tente de faire lui-même. Comme son écriture, la photo selon Frank est jazzée, en mouvement. Elle ne respecte plus le « cadre habituel », non, elle en sort, elle l'excède ! Frank photographie comme Kerouac fait crépiter ses doigts sur les touches du clavier. Son Leica, avec des photos au 1/1000 de seconde, marque le top de la spontanéité.

Dans le récit qu'il livre en 1958 d'un reportage qu'il effectue en Floride avec Frank à la demande du magazine *Life*, Jack s'extasie :

> J'étais sidéré de voir comment un artiste photographe fait le boulot, capter ces trucs de la Route américaine sur lesquels écrivent les écrivains. C'est assez sidérant de voir un type, pendant qu'il est au volant, lever tout à coup d'une main son petit appareil allemand à 300 dollars et photographier quelque chose qui bouge devant lui, avec en plus un pare-brise mal lavé.

Frank, en un sens, est son *reflet*. Mieux, son complément : « Il est capable de choses qu'un écrivain utilisant des mots ne peut jamais complètement rendre. » Au point, juge Jack, que son œuvre serait de nature « à faire frissonner Marcel Proust ». Frank sera aussi d'un appoint décisif pour l'art photographique de son ami Allen Ginsberg (→ Photographie).

✳

## *FURTHER !*

Toujours plus loin. À l'Ouest, s'entend. On connaît l'histoire : Napoléon cède aux sept États de la côte est, en 1803 et pour 15 millions de dollars, le cœur de l'Amérique, soit l'immense Louisiane originelle qui va des côtes de la Floride jusqu'au Canada. Du coup, les États-Unis, belle aubaine, doublent la surface de leur territoire. Désormais, la voie est ouverte à la Conquête de l'Ouest par Lewis et Clark. « *Go West !* » : c'est la première injonction que se fixent les colons américains – on le sait depuis *La Prairie* de Fenimore Cooper, considéré comme le fondateur de la littérature américaine. Allons très vite : au milieu des années 1950, il s'agit d'aller encore plus loin. Le Pacifique lui-même ne saurait rester la dernière frontière. On entreprend la conquête de l'espace. Elle a ses héros. Mais aller toujours plus loin, n'est-ce pas aussi explorer davantage l'être humain ? Sa psyché ? Non seulement « l'extérieur », mais aussi « l'intérieur » ? Au même moment, la psychanalyse importée par Freud rencontre aux États-Unis un formidable terrain d'exercice. Wilhelm Reich, disciple de Freud installé là-bas dès 1939, écrit et publie *La Fonction de l'orgasme*, lu par Kerouac et les futurs Beats. Dans la foulée, Alfred Kinsey se lance dans des études sexologiques qui donneront lieu à ses fameux rapports, dès 1948.

Certains Beats, au premier chef desquels Herbert Huncke, William Burroughs et Allen Ginsberg, attablés avec lui dans un bar de Times Square, l'aident même dans ses recherches, lui signalant les milieux les plus appropriés pour se renseigner sur les habitudes et les comportements sexuels du peuple américain, jusqu'en ses « déviances » ou « avancées » (→ Sexe). Le mot d'ordre : se connaître, et aller au-delà, toujours au-delà. Forcer les portes de la perception. Ce que fait aussi bien le jazz, qui ouvre des voies nouvelles, tout particulièrement par l'improvisation. Aldous Huxley participe du mouvement, entraîne à sa suite des gens comme Timothy Leary, Ken Kesey. Certaines substances, on en est convaincu, pourraient aider à cette exploration. On s'intéresse au LSD, découvert par le Suisse Albert Hofmann. Ken Kesey se porte volontaire comme cobaye pour les expériences menées au Veterans Administration Hospital de Menlo Park. Il finit par en tirer tout un roman, *Vol au-dessus d'un nid de coucou*, écrit pendant ses longues heures de garde de nuit à l'hôpital, qui lui assurent un revenu pendant ses études à la proche université Stanford.

Surtout, Ken Kesey imagine en 1964 l'aventure du bus psychédélique* *Further*, au volant duquel il met Neal Cassady, le héros de *Sur la route*, et à bord duquel lui et ses Merry Pranksters traversent tous les États-Unis d'ouest en est pour célébrer partout les vertus du LSD. Il organise en Californie des *Kool-Aid acid tests*. À cette épopée, le journaliste et futur écrivain Tom Wolfe, toujours impeccablement vêtu d'un costume blanc et arborant chapeau de même couleur, consacrera un livre entier, *Acid Test*, utilisant les confidences que lui fait Ken Kesey sur le sujet (lequel Kesey, sur le moment, n'imagine pas qu'à partir de ces entretiens son interlocuteur va lui ravir ce superbe sujet – il en gardera toute sa vie une certaine amertume).

## GARVER (BILL)

Personnage mineur, mais il en faut. On l'aime bien, et c'est pourquoi l'on en parle ici. Principale caractéristique de Bill Garver : il a des bras démesurés. Herbert Huncke*, auquel on doit le mot « beat » pour désigner les cinq ou six écrivains qui constituent le noyau de la Beat Generation, fait sa connaissance dans la prison de Rikers Island (New York). Étonnante dégaine : immensément grand, mince, décharné, les yeux caves, quelques cheveux gris dressés au-dessus d'un visage mou comme un chewing-gum... Il ne paie pas de mine, mais dès qu'il ouvre la bouche, s'en échappe un flot de paroles d'une élégance folle. De plus, ce délinquant, fils de banquier, semble descendre d'une importante lignée d'aristocrates. Il en a hérité cette paire de bras d'une longueur extraordinaire qui lui permet de faucher les meilleurs pardessus dans les restos new-yorkais, ce qui aboutit aussi à inévitablement le ramener à Rikers Island. Garver est un vrai personnage de fables, et Huncke, lui aussi un invétéré narrateur d'histoires, s'empare évidemment de la sienne pour la colporter partout comme un joueur de flûte. Il la conte donc à Kerouac, à Cassady, qui à leur tour en feront leur beurre (tout en faisant la connaissance physique de Garver, bien sûr, car il n'est pas de mythologie dont les figures n'émergent parfois dans le réel). Tout cela pour dire qu'au sein du premier noyau beat, la personne de Bill

Garver revient dans les discours, apparaît ici et là comme une sorte de référence, joue souvent le rôle d'une cheville indispensable. C'est un personnage tout de rumeurs : on murmure que sa présence aux côtés de Kerouac à Mexico, en 1954, lui a inspiré quelques-uns des 242 magnifiques *choruses* de *Mexico City Blues*. Il est Harper dans *Visions de Cody*, et Old Bull Gaines dans *Tristessa* de Kerouac, après avoir été Bill Gains dans *Junkie* de Burroughs.

## GINSBERG (ALLEN)

Il aimait les faits, soyons précis. Né en 1926 dans le New Jersey dans un milieu bourgeois, fils du professeur et poète Louis Ginsberg, Allen grandit marqué par la schizophrénie de sa mère Naomi. Lorsqu'il a 17 ans, son camarade d'université Lucien Carr lui fait rencontrer Kerouac et Burroughs. En 1947, il fait la connaissance à New York de Neal Cassady, dont il tombe désespérément amoureux. En 1948, il a une vision du poète William Blake. Il se libère des formes classiques de la poésie en 1954, sous l'influence de Kenneth Rexroth, William Carlos Williams et Jack Kerouac. La même année, Peter Orlovsky devient son amant pour la vie. Publié en 1956, son immense poème *Howl*, 112 paragraphes, 3 000 mots, le rend célèbre. En novembre 1958, il écrit en quelque quarante heures, sous l'effet de la Methedrine et de la Dexedrine, les 48 pages de *Kaddish*, une œuvre inspirée par la folie de sa mère. Personnage le plus central de la galaxie beat, il deviendra aussi une figure charismatique et l'un des porte-parole majeurs de la contestation dans les années 1960 (notamment contre la guerre du Vietnam). C'est un grand rassembleur : la Beat Generation lui doit très certainement son existence, en tant que phénomène littéraire et social. Au milieu des années 1950, il est avec Kerouac et Snyder parmi les Beats qui portent le plus leur attention vers le bouddhisme (→ Bouddha). S'il est d'abord David Stofsky dans *Go* de

John Clellon Holmes, il est ensuite Carlo Marx dans *Sur la route*, Adam Moorad dans *Les Souterrains*, Alvah Goldbook dans *Les Clochards célestes*, Irwin Garden dans *Anges de la désolation* et *Visions de Cody*, cinq livres de Kerouac. Il meurt en avril 1997.

✳

## GRAAL

D'une certaine façon, la littérature beat, dans sa diversité et la reprise de mêmes thématiques existentielles, fait penser aux divers cycles de la légende arthurienne. Kerouac et Cassady sont à la recherche d'un absolu – comment vivre ? et vivre vraiment ? –, empruntant pour y parvenir les routes les plus diverses, tant terrestres que fantasmatiques, visionnaires et célestes. Tous deux aspirent à cette coupe du Graal, quelle qu'en soit la liqueur : élixir de jeunesse, salut par l'écriture, célébration de l'amitié, philtre d'amour, faveurs divines ou empoisonnées, mortifères, ciguë – amère est parfois la coupe, la route et ses philosophies ont leur prix, qu'il faut payer, quitte à y laisser sa peau. Bref, oui, les Beats sont « en quête » comme l'étaient les chevaliers de la Table ronde. N'en seraient-ils pas de modernes avatars ? Les routes qu'ils explorent sont de même nature : errantes, vagabondes, spirituelles, angéliques, providentielles, béantes et béates. De plus, il y a là, très littéralement, quelque chose qui veut se concevoir comme une épopée (ce n'est pas pour rien que Kerouac entendait rassembler toute son œuvre sous le seul nom de *Légende de Duluoz*). La route, le Verbe : une double aventure dont Kerouac est le principal héraut, reconnu comme tel par tous. Des chevaliers errants, dites-vous ? Mais où est leur Table ronde ? Eh bien, leur Table ronde se déroule comme le fil d'une route sans cesse reprise, dont il s'agit parfois de défaire la circularité en roulant par exemple vers le Mexique* ou en embarquant pour Tanger*, mais sur laquelle l'autorité qui commande tout reste la littérature elle-même, le Verbe avant tout.

De tout cela, l'œuvre de Kerouac représente bien entendu la pièce maîtresse. Mais au maître-livre de Jack sont venus s'ajouter quantité de récits parallèles (avec des ramifications jusque dans son œuvre propre : *Visions de Cody* et *Les Clochards célestes* naissent et poussent explicitement comme de nouvelles « branches » de *Sur la route*, le tout selon une logique qui évoque à la fois le foisonnant *Roman de Renart* et les compilations de Thomas Malory). Tout se passe un peu comme si *Sur la route*, par sa force d'attraction, son poids gravitationnel, favorisait, suscitait leur émergence. Mais quoi d'étonnant ? La route n'est-elle pas par définition un appel, impliquant le choix du véhicule le plus adéquat en fonction de la sensibilité de chacun (→ Bouddha ; Fièvre d'écriture) ?

## GRAND VIDE (*GREAT VOID*)

*Sur la route* n'a pas encore été publié lorsqu'à la fin de l'été 1956 Kerouac descend du pic de la Désolation, dans l'État de Washington, où il a eu pour mission de guetter les incendies de forêt. Il l'écrira dans *Anges de la désolation* : c'est là qu'il aura éprouvé plus que jamais le sentiment de se retrouver face au « Grand Vide » (*Great Void*), qui se confond peu ou prou dans son esprit avec certaines conceptions bouddhistes. L'expérience de ce Grand Vide devient encore beaucoup plus aiguë lorsque douze mois plus tard il accède subitement à la célébrité. C'est ce jour de septembre 1957 où le critique littéraire Gilbert Millstein publie dans *The New York Times* l'article qui fait de lui, avec la publication de *Sur la route*, un écrivain de premier plan, l'égal de Hemingway dans les lettres américaines. Mais Whitman l'avait déjà souligné, la gloire est chose vaine si elle n'est due qu'aux conventions humaines et aux médias. Sa célébrité éteint d'un seul coup tous les feux qui brûlaient encore en Jack. Elle aura raison de ses aspirations les plus profondes et réelles. Le voilà proclamé « roi des beatniks », alors qu'il se moque des beatniks et voudrait être plutôt reconnu comme l'égal d'un Proust ou d'un Joyce.

Désormais, socialement et même littérairement, c'est un homme perdu. Douze ans durant, c'est-à-dire de 1957, année de parution de *Sur la route*, jusqu'à une mort qu'il appelle de ses vœux (« *I'm sick of myself* », déclare-t-il en 1967 à la télévision italienne), le héraut, « le barde des beatniks », vivra, ou plutôt se survivra à lui-même, avec le sentiment d'avoir tout donné, tout dit, tout écrit depuis belle lurette, sans jamais toucher au but, décidément hors d'atteinte. Au bout du compte, ce n'est pas « le visage de Dieu » ni celui de Bouddha que Jack aura rencontré sur sa route, comme il l'avait espéré. Désormais vidé de sa substance, ectoplasme brûlé par les feux de la célébrité, noyé dans l'alcool, il ne lui reste plus qu'à se laisser lentement choir (→ Chute), en une vivante descente de croix, jusqu'à l'hémorragie qui lui sera fatale, un jour d'octobre 1969. Dans la presse, sa mort ne fera qu'un entrefilet.

## HAÏKU

Le haïku est un art poétique qui consiste à saisir l'instant présent. Formellement, il ne devrait compter que dix-sept syllabes. Mais Kerouac, Lew Welch et Albert Saijo s'en soucient comme d'une guigne lorsqu'ils entreprennent en 1959 de traverser ensemble les États-Unis d'est en ouest (Jack pour la énième fois) à bord de la Willys Jeepster de Lew, tout en s'amusant à semer leur route de haïkus improvisés. Tout voyage* est fructueux. De celui-ci, passablement alcoolisé de surcroît, naît sous la signature du trio le recueil *Trip Trap. Haïku Along the Road* (publié seulement en 1973). Content, Kerouac croit même pouvoir l'affirmer : « La Beat Generation sait tout du haïku. » Cette propension et ce goût assez logiques pour le haïku (bien présents chez d'autres Beats, comme Gary Snyder) ressortiront parfaitement avec la publication, longtemps après sa mort, d'un

*Livre des haïkus* dans lequel Regina Weinreich rassemble en 2003 quelque 500 haïkus de Kerouac tirés de ses carnets et de son œuvre. À propos du haïku, Ginsberg (qui prend la liberté de le découper en trois parties plutôt qu'en deux) précisera tout de même : « *It has to be adapted to an American form.* » L'essentiel ? En un quart de seconde, cette forme de poème saisit l'infime, elle agrémente la route. Et c'est déjà énorme.

*

## HAVERTY (JOAN)

L'histoire de la Beat Generation se doit de retenir au moins deux péripéties marquantes. Au cours d'une folle soirée d'octobre 1950, Bill Cannastra, familier de la bande, juge bon de glisser sa tête hors la fenêtre d'une voiture du métro new-yorkais. Il est décapité. Son appartement se libère tout aussitôt. Une très jeune et jolie femme de ses amies, Joan Haverty, se propose de le reprendre. Or, et c'est la deuxième péripétie, alors qu'elle visite l'endroit débarque un beau jeune homme, tout aussi intéressé qu'elle par sa location. C'est Jack Kerouac. Quelques jours plus tard, les voilà mariés ! C'est dans leur nouvel appartement, en février 1951, entouré de ses carnets de notes et de ses ébauches de manuscrit, que Jack Kerouac tape le fameux « rouleau » original de *Sur la route* en trois semaines. Dans quelle mesure cette rencontre avec Joan aura-t-elle joué un rôle « déclencheur » dans la détermination de Kerouac à glisser 36 mètres de papier calque – rouleau déniché dans l'appartement de Cannastra – dans sa machine à écrire ? Se pourrait-il que les épousailles de Jack avec Joan Haverty concrétisent aussi son mariage avec un nouveau type d'écriture ?

L'entreprise présente en effet cette nouveauté (car *Sur la route* a déjà été entamé et réentamé plusieurs fois) que le texte est cette fois-ci *adressé* (→ Correspondances). À qui ? Jack a présentement le bonheur d'être éphémèrement (comme toujours) empli d'un sentiment amoureux, et c'est certainement motivant. Le lecteur ne le sait ni ne le remarque, mais c'est à Joan que, *mentalement*, Kerouac raconte toutes les péripéties de *Sur la route*, en tapant frénétiquement sur sa machine. Cette femme lui est encore largement inconnue, mais tout se passe comme s'il trouvait en elle une sorte d'auditrice parfaite, aussi réceptive que le serait un terrain vierge. Joan est une « interlocutrice » muette mais idéale (et un rien utilitaire, comme il en va souvent en matière d'écriture) à laquelle narrer les péripéties des quatre dernières années qu'il a passées sur la route, avec ou sans Neal Cassady, dont il a aussi les merveilleuses lettres en tête.

De surcroît, par un incroyable coup de chance, c'est à ce moment même qu'il reçoit de Neal la plus belle d'entre toutes, la fameuse « Joan Anderson Letter », à lui justement *adressée* et qui le convainc de changer du tout au tout sa façon d'écrire (→ « Joan Anderson Letter »). Désormais, « l'adresse à » ne pourrait-elle devenir une clé qui, en écho à la façon de faire de Neal, l'ouvrirait à sa propre écriture (→ Correspondances) ? Ce en quoi *Sur la route* conjuguerait et marierait, entre mille autres choses, ces deux éléments : une adresse à Joan et une réponse à Neal (à noter que ces *100 mots* sont aussi bien évidemment adressés : sous forme d'abécédaire, c'est une lettre d'amour à la Beat Generation [→ Épigones]).

*

## HENDERSON (LUANNE)

C'est ici que LuAnne intervient. Une Ève première ? Nue sur la banquette arrière de la Hudson 49 qui l'emmène avec Jack et Neal d'est en ouest… Aucune femme, pas même Carolyn Cassady (comme le reconnaît très volontiers le titre de son autobiographie, *Off the Road*), ne s'est jamais trouvée sur la route aux côtés de Neal, de Jack, d'Al Hinkle et des autres… À une exception près : cette jeune fille du nom de LuAnne Henderson. Elle est fatalement au côté de Neal Cassady lorsque celui-ci débarque à New York fin 1946, puisque c'est son épouse. C'est une nymphette de 16 ans. Elle illuminera de sa jeunesse plusieurs pages de *Sur la route*, où Kerouac l'appelle Marylou, tandis qu'elle est Joanna dans *Visions de Cody* et Dinah dans *Go* de J.C. Holmes. Elle retrouve sa véritable identité dans l'édition du rouleau original, en 2007, à l'instar de tous les autres personnages. Est-ce trop dire qu'elle est la première *teenager* de l'histoire de la littérature ? C'est une idée que je défends dans mon « *true novel* » (selon l'expression de Kerouac) intitulé *LuAnne sur la route avec Neal Cassady et Jack Kerouac* (encore que la Lucile de Chateaubriand offre déjà une jolie quoique mélancolique image de l'adolescence*, qui n'existait pas encore vraiment).

Se risquera-t-on aussi à dire que LuAnne, d'une certaine façon, est la seule véritable *beat woman*, puisque la seule à avoir été concrètement au contact du bitume, de la poussière, et à avoir pleinement partagé les aventures des « héros » beats, vibré au diapason de leur démesure, parcouru une même ambitieuse et tragique trajectoire ? Neal l'avait amoureusement pressenti : « *You are the one and only* », l'unique, la seule qui ait été véritablement saisie dans le mouvement, « ici et maintenant » (comme on dit). Et la seule qui, du même coup, ait communiqué au livre de Jack une partie de son influx et, littéralement, de sa « chair ». LuAnne n'est pas l'idéale Carolyn, une sorte de reine Guenièvre. Non. Elle est à l'inverse la plus jeune, la plus attirante, la plus charnelle des femmes de *Sur la route*. Au contraire de Carolyn, elle fait partie de ces filles accessibles (et ravissantes) que l'on peut cueillir au bord du chemin et dont Kerouac dit, au début de son livre : « Quelque part sur le chemin, je savais qu'il y aurait des filles, des visions, tout, quoi ; quelque part sur le chemin on me tendrait la perle rare » (→ *Beat women*).

⁂

## HESSE (HERMANN)

Bizarrement, Kerouac – il l'écrit dans *Big Sur* – n'aime pas *Le Loup des steppes* de Hermann Hesse, un ouvrage qui deviendra culte pour les beatniks et pour les hippies. Pourtant, le héros du roman, Harry Haller, ne serait-il pas presque un Beat avant l'heure ? Un sans-métier, un sans-famille, un sans-patrie, un solitaire en quête, en rupture avec le milieu bourgeois ? Qu'importe, Jack qualifie *Le Loup des steppes* « d'absurde et stupide ». Ce sera donc Timothy Leary qui tirera Hesse de l'oubli et le fera connaître aux jeunes générations ; au point que dans les années 1960, il sera l'écrivain étranger le plus lu aux États-Unis. Les réticences de Kerouac ont de quoi étonner. Hesse est l'un des premiers à avoir mis en évidence l'importance de la nature au sein d'un monde en voie de technicisation et de mécanisation (tel que le dénonçait aussi Heidegger). Dans l'une des scènes du roman, Harry Haller et un ami d'enfance, postés au-dessus d'une route, dûment munis de flingues*, mitraillent les voitures qui s'y succèdent, jugées symptomatiques d'une modernité imbécile aux inventions fatalement contreproductives conduisant droit dans le mur. C'est pour eux une façon de résister à un type de société qui sacrifie tout à une logique de croissance et d'*accélération* que met aujourd'hui en évidence, par exemple, le sociologue Harmut Rosa (→ Z comme...).

*Le Loup des steppes* insiste aussi formidablement sur le rôle que jouent la marge et les marginaux dans toute évolution sociétale. Rejet du monde bourgeois, exigence de fantaisie et de fantasmagories, les conceptions développées dans ce livre par le merveilleux saxophoniste Pablo, jazzman et maître des rythmes, rejoignent avant l'heure bien des idées qui seront celles mêmes de Kerouac. La seule hypothèse possible est que Jack n'appréciait pas la forme littéraire donnée par Hesse à son roman, où, juge-t-il, il ne se révélerait qu'un pâle « imitateur de Dostoïevski avec cinquante ans de retard ». Là encore, on comprend mal : la composition du *Loup des steppes*, avec ses manuscrits enchâssés les uns dans les autres, n'a strictement rien de convenu, et s'écarte autant du roman « classique » que le fera *Sur la route*. Bref, on rêverait de s'asseoir autour d'une même table avec Kerouac et Timothy Leary pour en débattre.

## HOLMES (JOHN CLELLON)

John Clellon Holmes joue un rôle majeur dans le développement de la galaxie beat sans que sa pratique littéraire (ses romans *Go* et *Le Sax*) ne rende compte de ce qui fait l'essence de cette littérature, c'est-à-dire l'*écart* qu'elle représente par rapport aux normes alors en vigueur. De quatre ans son cadet, grand ami de Kerouac, parlant essentiellement littérature avec lui pour leur plaisir mutuel, Holmes a tout autant conscience de l'originalité d'un Ginsberg et d'un Burroughs, mais en même temps il reste prisonnier de toute une tradition, incapable de s'en distancer ni d'innover (joli sujet dont il aurait pu faire *son* drame, s'il en avait pris une conscience plus aiguë). Néanmoins, les Beats lui doivent beaucoup : il est largement responsable de l'appellation « Beat Generation », tant son article de 1952 dans *The New York Times* intitulé « This Is the Beat Generation » donne corps à ce mouvement protéiforme et contribue à le faire connaître médiatiquement. À quoi s'ajoute que son roman *Go*, qui paraît en 1952, cinq ans avant *Sur la route* (Kerouac en concevra tout de même une certaine amertume), part d'un même matériau : s'il reste formellement très inscrit dans les canons romanesques de l'époque, Holmes met déjà en scène, sous divers pseudonymes, les figures prodigieuses de Cassady, Ginsberg, LuAnne, etc., et narre les mêmes péripéties new-yorkaises. L'écriture de Kerouac, dans sa nouveauté, son originalité, sa force, en ressort d'autant plus éclatante.

## HOMOSEXUALITÉ & BISEXUALITÉ

On a un peu vite fait d'associer à la Beat Generation la pratique d'une sexualité débridée, où la question des genres n'existerait pas ou si peu. Ici comme ailleurs, il faut beaucoup nuancer. Quelques biographes de Kerouac ont absolument voulu mettre en évidence chez lui une supposée bisexualité. En 1957, en état d'ébriété extrême, il semble que Kerouac a en effet passé une nuit avec Gore Vidal (lui seul juge bon de s'y attarder). Il se peut aussi – son biographe Gerald Nicosia croit pouvoir l'affirmer – que dans le même état il ait accordé une fellation à Allen Ginsberg. Mais au demeurant, son amour des femmes est partout présent dans son œuvre (notamment dans ses *Journaux de bord. 1947-1954*). « Filles en courtes jupes étroites, jambes nues, sandales aux pieds, les cheveux longs, n'en jetez plus, je meurs », les encense-t-il dans *Visions de Cody*. Sexuellement parlant, les toujours délicieuses et éphémères petites amies de Kerouac pensent surtout qu'ayant perpétuellement sa mère en tête, il était tout le temps un peu ailleurs, à distance, en somme un observateur de la chose, et donc peut-être pas tout à fait là dans les moments intimes.

Neal Cassady, lui, a eu des rapports avec les deux sexes. Mais était-il réellement bisexuel ? Dans son enfance et son adolescence, Cassady, gosse des rues, pour survivre, s'est livré à quantité de compromis. Et en effet, Justin Brierly, son professeur et mentor, homosexuel notoire, a profité de son jeune protégé (qui ne lui en voulait pas le moins du monde). En outre, Neal, dès l'âge de 12 ans, était reçu dans le lit de tant de femmes… Ceci compensait-il cela ? C'était un coucheur forcené, et son hétérosexualité ne fait aucun doute. Bien sûr, et c'est l'une des péripéties cardinales de *Sur la route*, Neal a couché avec le jeune Allen Ginsberg, début 1947, à New York, lors de leur première rencontre. Mais celui-ci me l'a tout de suite précisé lors de notre entrevue, sans se faire d'illusions : « Neal l'a fait par tendresse, compassion, cela ne le gênait pas de me donner ce que j'attendais, parce qu'il savait à quel point je l'attendais, et il aimait faire plaisir aux gens. » De plus, débarquant à New York, Neal était émerveillé par les qualités littéraires, poétiques, de ses nouveaux amis, Ginsberg, Kerouac, etc. Et il n'était pas homme à mettre entre lui et ses aspirations des considérations aussi banales que celles du corps, du sexe et de ses exigences. Par la suite cependant, il le signale à plusieurs reprises à Ginsberg dans les lettres qu'il lui adresse : « Tu sais que je n'aime pas les bites & les mecs & avant toi je me suis sciemment forcé à être homosexuel [...] je ne veux pas te mentir inconsciemment en éludant ma non-homosexualité pour te plaire. » Aucune des épouses de Neal, ni LuAnne ni Carolyn, n'a jamais eu la moindre hésitation sur son orientation sexuelle. Au point que LuAnne me l'a dit en riant : « Quand Neal m'a dit qu'il avait dû avoir des relations sexuelles dans sa jeunesse avec son prof Justin Brierly, pour moi, c'était de la science-fiction ! »

Passons à Ginsberg. Il me l'a aussi confié : il lui a fallu un certain temps pour comprendre de quel côté penchaient ses préférences sexuelles. Jusqu'à 35 ans passés, il a eu passablement d'amantes, dont la jeune cinéaste Barbara Rubin, ou la poétesse Elise Cowen, qui se suicide à 29 ans. Il semble que son amant et compagnon à vie, Peter Orlovsky, préférait même les femmes : la *beat woman* Janine Pommy Vega raconte dans ses mémoires comment il prend plaisir à la déflorer au lendemain de leur première rencontre au Cellar Bar de Greenwich Village.

Quant à Burroughs ? Décidément *queer*. Mais il demande en mariage Joan Vollmer en 1946, et lui fait un enfant. Là encore, le corps ne fait que suivre d'autres lois, qui sont celles de l'esprit. Herbert Huncke, s'il ne parvenait pas à les imaginer au lit, a raconté comment Joan et William étaient intellectuellement profondément complices.

*

## HÔTEL DE LA RUE GÎT-LE-CŒUR, DIT « BEAT HOTEL »

C'est le lieu d'élection des Beats arrivant de Tanger à Paris, à la fin des années 1950. Sis 9, rue Gît-le-Cœur, on l'appelle le « Beat Hôtel », mais il n'a évidemment jamais porté ce nom. Mieux : de nom, il n'en a jamais eu (sauf celui qui est le sien aujourd'hui, Relais-Hôtel du Vieux Paris). Ses clients l'appelaient du nom de sa propriétaire, M^me^ Rachou, très gentille, mais « qui avait ses têtes », si bien que l'hôtel n'hébergeait que des écrivains et des peintres, ou peu s'en faut. Cette absence de désignation est au fond une chance : le lieu est vierge de dénomination, et ces jeunes Américains qui y élisent domicile pour 1 dollar la nuit, même si les rats le fréquentent aussi, jouissent là d'un hôtel qui ne leur impose rien, dont la numérotation des chambres n'obéit à aucune logique (*dixit* Burroughs), et qui sera donc complètement leur. Une véritable *tabula rasa*. Sans qu'ils le sachent, ils sont dans la même situation que Sartre, familier des hôtels pourvoyeurs d'une liberté telle qu'elle lui permet de créer à partir de ses Néants et du Rien une œuvre pleine de richesse philosophique.

À l'hôtel de la rue Gît-le-Cœur naît ainsi sous les doigts de Brion Gysin et de William Burroughs la technique du *cut-up**. Gregory Corso y écrit son fameux poème *Bomb*. Burroughs y peaufine *Le Festin nu* et s'y lie avec Maurice Girodias, l'éditeur d'Olympia Press, qui, le premier, osera publier *Le Festin nu*, comme il l'avait fait en 1955 de *Lolita* de Nabokov. Ginsberg, dont à la même heure le poème *Howl** déclenche un procès outre-Atlantique, loge bien sûr à la même enseigne (c'est là qu'il a le bonheur d'apprendre le succès de *Howl*). Lui et les autres font la connaissance de Henri Michaux, avec lequel ils ont des points d'intérêt communs (voyages, drogues). De tous les Beats, seul Kerouac n'y logera pas (sinon une nuit dans la chambre de Corso, agrémentée des râles d'une Nanette à laquelle celui-ci fait l'amour).

Finalement, l'hôtel rue Gît-le-Cœur, autant que Tanger, se révèle une sorte d'interzone : quoiqu'ils ne soient qu'à un jet de pierre de Saint-Germain-des-Prés, les Beats, bizarrement, n'ont aucun contact concret, physique, avec les existentialistes qui bavardent à la terrasse du Flore ou des Deux-Magots – et qui sont, autant qu'eux, en quête des « chemins de la liberté » et passionnés de jazz. Ils n'auront jamais rencontré des gens comme Juliette Gréco, Boris Vian, Sartre, Simone de Beauvoir... Aucun contact non plus avec les auteurs du Nouveau Roman, qui, à la même heure et tout comme eux, s'efforcent de renouveler les formes d'expression littéraire, à la recherche de nouvelles routes (→ Existentialisme ; Nouveau Roman).

## *HOWL*

Munch n'est pas loin. *Howl*, c'est le Cri. Encore que *Howl* soit sans doute de portée moins métaphysique, davantage enraciné dans une réalité américaine d'ordre sociologique (ce qui n'ôte rien à sa beauté littéraire). Alors que Kerouac veut chanter l'Amérique en tant que poème, Ginsberg entre en contestation avec maints de ses aspects. Kerouac n'est d'abord pas contre puisque en 1955, à la Six Gallery de San Francisco, il fait avec enthousiasme écho à son ami quand celui-ci dit la première partie de son poème devant un auditoire électrisé. Mais il se distance ensuite complètement de tous les engagements sociaux et politiques de Ginsberg.

Poème majeur, *Howl* n'est pas venu d'un coup à Ginsberg. Il aura mûri dans son esprit pendant près de deux ans (assez loin des exigences d'une écriture spontanée qui relèverait du premier jet). Si Ginsberg en lit la première partie à la Six Gallery* en 1955, il ne sera édité en son entier que fin 1956, chez City Lights. Bien avisé, Ferlinghetti*, poète et éditeur qui dirige cette maison, le fait imprimer à Londres. Cependant, le 25 mars 1957, les 520 exemplaires expédiés ne passent pas le cap de la douane américaine, censure oblige. Un procès s'ensuit, si retentissant (Ferlinghetti le remportera) que Ginsberg, reconnu, célébré, ouvre la voie à la publication enthousiaste de *Sur la route* quelques mois plus tard. *Howl*, dédié à Carl Solomon, laisse augurer une révolte culturelle qui commence par ces mots : « *I saw the best minds of my generation destroyed by/ madness, starving hysterical naked,/ dragging themselves through the negro streets at dawn/ looking for an angry fix…* » D'une certaine manière, le poème sera le fondement littéraire de toute la contestation des années 1960.

## HUNCKE (HERBERT)

D'où sort Herbert Huncke ? Du ruisseau, des bas-fonds de Chicago où il lui arrive dans sa jeunesse de croiser Al Capone. Quittant père et mère à peine sorti de l'enfance (il fugue dès l'âge de 12 ans), il gagne plus tard New York. Là, en sa qualité de *hustler*, junkie et voleur (un cousin de Genet ?), il fait en 1946 la connaissance de William Burroughs lorsque celui-ci (pas encore toxico, mais il le devient à cette occasion) lui fourgue douze syrettes de morphine dérobées dans une pharmacie. Huncke, en lequel Burroughs voit immédiatement une sorte de « guide virgilien », est rapidement invité dans le cercle des Beats. Il pénètre le « salon » (car elle est une sorte de M^me^ Verdurin) de la compagne de Burroughs, Joan Vollmer, où il se lie avec Jack Kerouac et Allen Ginsberg. Une rencontre dont il garde ce souvenir : « Ils étaient affreusement cérébraux à mes yeux, mais ça m'attirait. » Il souffle à leurs oreilles le mot « *beat* », qu'il a constamment à la bouche, comme les dealers et junkies noirs avec lesquels il fraie. Il présente à la bande sa copine, la fabuleuse Vicki la Rousse, prostituée* dont il dresse un féerique tableau dans ses écrits, car lui aussi, à son tour contaminé par les Beats, va céder au démon de l'écriture. Neal Cassady chantera ses louanges, et Jack aussi, et Allen aussi, et William aussi. C'est encore lui qui mettra en rapport Burroughs et Ginsberg avec le fameux sexologue Alfred Kinsey, lequel a besoin d'informations pour son rapport sur le comportement sexuel des Américains. Tout cela oblige, Huncke est l'auteur d'un excellent livre de souvenirs, *Coupable de tout*.

## INTRIGUE

Passons vite ! Littérairement, Kerouac – autant que les autres – se fiche éperdument de l'intrigue. C'est l'élan, l'écriture improvisée, son flux musical, le son de la langue qui comptent. L'esprit de la Beat Generation ? Faire vibrer le Verbe ! Et le relancer sans cesse. Pas besoin d'intrigue : celle de notre propre existence n'est-elle pas déjà énigmatique en soi, suffisamment difficile à dénouer ?

## JAZZ

C'est l'un des éléments, sinon l'élément qui entre le plus en compte dans l'écriture de la plupart des écrivains de la Beat Generation. Apport fondamental issu de l'Amérique noire, le jazz est central dans la façon dont Kerouac écrit et compose ses romans (l'autre grand pôle d'influence étant, sur un plan thématique, les philosophies orientales). L'émergence du premier noyau beat à New York coïncide avec la révolution du bebop, qui, au sein même du jazz, brise les carcans, dépasse le simple cadre musical, se fait un véhicule existentiel de plus de liberté et de transcendance. Kerouac conçoit son écriture pareillement. Sa prose spontanée (→ Écriture spontanée) s'efforce d'être à la littérature ce que les improvisations de Charlie Parker ou de Dizzy Gillespie sont à la musique. L'écriture ? Elle doit se trouver en complète adéquation avec la sensation du moment. Kerouac, loin de la pratique dix-neuviémiste du roman (qui a encore terriblement cours aujourd'hui, elle est la recette de tous les bestsellers et romans de gare), n'entend pas *représenter* les choses (à la façon des peintres figuratifs), mais se veut à l'intérieur même du flux de la langue, parfaitement en phase avec elle, à la façon d'un jazzman coulant ses impros (c'est là qu'il rejoint à la fois Joyce et Proust, loin de la volonté de « peindre les choses » qui était celle d'un Flaubert).

Bornons-nous à donner un seul exemple : l'usage chez Kerouac du tiret. C'est pour lui un signe de ponctuation qui permet de produire exactement le même effet de reprise et de fluidité qu'un jazzman. Kerouac y a constamment recours, au contraire de la virgule ou du point-virgule, et évidemment du point (qui bloque tout). Le tiret permet de *tirer* de cet instrument qu'est la langue des effets de relance, de ménager des suspens, de créer dans la phrase des plans, des étagements qui aident souvent à la justesse des nuances, et des timbres que l'on veut rendre. De manière symptomatique, il compose aussi son recueil *Mexico City Blues* sous forme de 242 *choruses* (plutôt que « strophes »).

## « JOAN ANDERSON LETTER »

Rien n'est plus singulier que le destin de la « Joan Anderson Letter », pièce essentielle du puzzle beat. Qu'on en juge : il s'agit d'une lettre dactylographiée de 19 pages très serrées écrites fin 1950 par Neal Cassady à Jack Kerouac dans laquelle il lui narre diverses péripéties. Une lettre ? Plutôt un vrai mini-récit tout à fait picaresque où Cassady, inspiré par les encouragements que lui a déjà prodigués Kerouac, veut faire montre de son style et de sa manière. Et il a raison, puisque Kerouac, après sa réception, modifiera du tout au tout sa façon d'écrire, déclarant même que, « brûlé au feu de sa lecture », cette lettre est le meilleur morceau de littérature américaine qu'il ait jamais lu (« mieux que Melville », etc.).

Pendant soixante ans, la « Joan Anderson Letter » a d'autant plus fait parler d'elle qu'on la croyait perdue. À bon droit, elle apparaissait comme un élément mythique de la légende beat, puisque, à peine l'a-t-il reçue, début 1951, Kerouac écrit d'un seul jet le fameux rouleau de *Sur la route*. Or, elle est miraculeusement retrouvée en 2014, aussitôt achetée aux enchères pour plus de 200 000 dollars par l'université Emory (Atlanta), et publiée en 2020 par Black Spring Press en Grande-Bretagne. Nous pouvons même la lire en français depuis 2022, grâce aux éditions Séguier, avec en fin d'ouvrage son facsimilé. Elle est précédée de deux excellentes introductions, auxquelles j'ajouterai ceci : je gagerais quant à moi qu'il s'agit d'une « lettre fictive » (ne faisant que prendre les apparences d'une lettre) au travers de laquelle Neal Cassady, gonflé à bloc par les compliments de Jack, entend bien lui livrer une véritable petite nouvelle, écrite dans un style qui a pour visée d'épater Kerouac et, consciemment ou non, de l'amener, par un effet d'entraînement, à modifier et mieux « trouver » sa propre manière d'écrire (→ Écriture spontanée).

Neal Cassady en était-il conscient ? C'est une thèse que je défendrais. J'en veux pour preuve, entre autres, que sa « Joan Anderson Letter » (elle n'est affublée de ce titre que par les exégètes) traite d'une fille totalement inconnue au bataillon de ses conquêtes, sans réalité civile. Neal y « mixe » et y condense très probablement plusieurs de ses aventures amoureuses. Son but n'est pas de relater des faits, la lettre est tout entière adressée à Jack en tant que texte avant tout littéraire ; dans l'esprit de Neal, elle a valeur de démonstration esthétique : c'est sa vision propre et novatrice d'un art d'écrire qu'il y délivre.

Ainsi naît *Sur la route*. Autrement dit, l'influence de Neal Cassady, en sus d'avoir inspiré le personnage principal de *Sur la route*, va jusqu'à déclencher chez Kerouac (et chez bien d'autres dans sa foulée) le profond désir de se fixer à lui-même de nouvelles exigences pour rendre compte de l'expérience humaine au travers de formes littéraires.

## JOURNAUX

Dans la mesure où les écrits des auteurs beats se sont voulus spontanés, rien de plus intéressant que de se plonger par exemple dans les journaux de Kerouac ou de Ginsberg, qui en donnent comme une « protohistoire ». Par bonheur, ils ont été publiés. Ainsi de ceux d'Allen Ginsberg dans *The Book of Martyrdom and Artifice*, où l'on apprend à connaître le personnage de près. Relation palpitante, par exemple, de son voyage à Dakar en 1947, dont il intitule une partie « The Monster or Dakar » (le monstre, c'est lui). Dans les 380 pages de ce journal qui couvre les années 1937 à 1952 (c'est-à-dire avant que Ginsberg n'entre en pleine possession de son art poétique), on voit comment l'œuvre bout et germe en lui avant qu'enfin elle ne parvienne à maturation. Il en va de même avec le journal de Kerouac, publié seulement en 2004 sous le titre *Windblown World. The Journals of Jack Kerouac, 1947-1954* (*Journaux de bord* dans sa traduction française de 2015), absolument passionnant en ce qu'il est centré sur les préoccupations littéraires de Kerouac et son travail. On en apprend certes sur ses relations avec Cassady, Ginsberg, etc., sur ses lectures, sur les divers événements qui émaillent sa vie. Mais entre deux rencontres de jeunes filles toujours « adorables » et dont il tombe instantanément amoureux (→ Tomber amoureux), on devient intimement familier de ses doutes et questionnements littéraires entre 3 heures et 7 heures du matin – là, il est à son pic d'écriture ! –, avant que le jour ne se lève.

## JOYCE (JAMES)

Si Jack Kerouac se veut un « *running Proust* », il ramasse au passage Joyce dans sa besace. En témoigne le plus joycien de ses écrits, *Vieil ange de minuit*, un texte où la musicalité de la langue prend le dessus autant que dans *Finnegans Wake* (« Cop ski kimona moodia, Ah Su, tchétché, tousse le flic, j'entends le taxio fi fu », traduction française de Pierre Guglielmina chez Gallimard). Ce dont Jack se repent d'ailleurs dans un texte du recueil *Vraie blonde, et autres* : « J'étais allé trop loin aux limites du langage là où commence le babil de l'inconscient [...] j'ai fini en plein délire esclave des sons, je suis devenu peu clair et ennuyeux comme dans ma dernière expérimentation littéraire *Vieil ange de minuit.* » S'il passe en l'occurrence maladroitement à la pratique, Kerouac sait tout de même jauger correctement l'influence de Joyce sur son œuvre. Autant que Proust, il n'oublie pas de le faire entrer dans ses références majeures, considérant sa future *Légende de Duluoz* comme « un grand songe unique », un « tumulte », « et le tumulte, poursuit-il, comme le tumulte de *Finnegans Wake*, n'a ni commencement ni fin ». Et il ajoute : « Je vois à présent toute la Cathédrale de la Forme que cela représente. » Autrement dit, son œuvre, comme celle de Proust ou de Joyce, ne pourra donc que rester inachevée. Lui poser un terme ? Une gageure vaine et inaccessible. Contraire à la littérature elle-même, en son essence et ses visées.

## KEROUAC (JACK)

Avec *Sur la route*, il restera perpétuellement la figure centrale des Beats et de la Beat Generation. C'est en cela qu'il est comme Dieu pour les Pères de l'Église dans l'Antiquité chrétienne et au Moyen Âge : sa circonférence est partout et son centre nulle part. Il est donc partout et complètement présent dans cet ouvrage (→ Les 99 autres entrées).

Si on l'exige, voici un condensé biographique de sa jeunesse (auquel Internet suffit désormais) : né en 1922 à Lowell (Massachusetts) dans un milieu modeste, il parle le joual (français canadien) dans son enfance, perd son frère aîné Gerard quand celui-ci a 9 ans et lui 4 ans, se révèle le meilleur *halfback* de son équipe de football, obtient une bourse pour la Horace Mann School de New York, poursuit pendant un an ses études à l'université Columbia, vogue pendant la guerre jusqu'au Groenland comme apprenti marmiton dans la marine marchande, rencontre Edie Parker, Joan Vollmer et Burroughs, etc.

*

## *MADEMOISELLE*

Février 1957, chacun le pressent : les Beats, dont les médias ont très occasionnellement parlé depuis 1952, vont éclater sur la scène publique. Neuf mois avant la sortie de *Sur la route*, le magazine national *Mademoiselle*, judicieusement orienté vers la littérature, s'apprête à leur consacrer un important reportage. Le jeune poète Gregory Corso, lors d'une mémorable séance de photographies organisée pour l'occasion, ébouriffe les cheveux du compère Jack (délibérément mal rasé sur le conseil de ses amis) et fait ressortir sur sa chemise une croix argentée qu'il vient de lui passer au cou. Cette photo de l'auteur de *Sur la route* marquera les esprits, fixant l'image du vagabond, angélique pour jamais. Mine sauvage, grossière chemise à carreaux, Kerouac a très précisément l'air de ce clodo à la gueule d'ange dont la légende va s'emparer, et que Gilbert Millstein, dans son fameux article pour *The New York Times* en septembre 1957, comparera à un nouvel Hemingway.

## MAGAZINES (ET REVUES)

Certains petits magazines littéraires, miméographiés à quelques dizaines ou centaines d'exemplaires, joueront un grand rôle dans la naissance de la contre-culture américaine et la diffusion des écrits beats. C'est tout particulièrement vrai pour la poésie. En 1944 déjà, *Circle* a vu le jour à Berkeley, suivi de *Ark* à San Francisco, en 1947. La publication de *Sur la route* en 1957 a un tel retentissement qu'à New York le couple de poètes que forment Hettie Jones et LeRoi Jones fonde en 1958 le magazine offset *Yugen*, d'abord à l'usage interne du milieu beat (50 cents, 300 exemplaires au mieux). Ex-petite amie de Kerouac, Joyce Johnson, futur auteur de *Personnages secondaires*, leur prête main-forte. En 1961, Diane di Prima lance une *newsletter*, *The Floating Bear*, avec le même LeRoi Jones. On assiste à une floraison de centaines de mini-magazines vite faits (la vitesse et l'urgence sont considérées comme d'excellents impératifs), où se mêlent le pire et le meilleur (tout un chacun est démocratiquement censé savoir écrire et exprimer son individualité, être un grand auteur potentiel)... L'ensemble de ces publications ultra *cheaps* reflète avant tout les aléas et zigzags d'une production littéraire dont le seul point commun est d'être en rupture avec les codes qui prévalaient jusqu'alors. De faire éclater les barrières, de servir de lieu d'échanges et de passerelles entre divers mouvements. S'y côtoient sans trop de distinctions les poètes du Black Mountain College*, de la Renaissance poétique de San Francisco*, etc., peu ou prou assimilés à cette mouvance beat dont les grands médias font désormais leur miel. Sur le dessus du panier, plaçons tout de même des revues comme *Big Table*, *Chicago Review*, *The Black Mountain Review* ou *Evergreen* qui, dès 1957, réunit dans ses livraisons de haute tenue des auteurs comme García Lorca, Artaud, Maïakovski, Beckett, Dürrenmatt, Blanchot, Robbe-Grillet,

Mandiargues, Cioran. Aujourd'hui, le magazine trimestriel britannique *Beat Scene*, créé en 1986 par Kevin Ring, reste la plateforme d'échanges pour tous ceux qui s'intéressent au mouvement beat dans sa diversité d'expressions.

## MEXIQUE

Flaubert était affreusement déçu, pendant son voyage au Proche-Orient et en Grèce, de ne goûter la splendeur des paysages que comme un pâle reflet de ce qu'ils étaient dans son imagination et ses lectures. Kerouac et Cassady sont plus heureux au cours de leur premier voyage exotique ; même si Schopenhauer ôte toute illusion sur les vertus des voyages, eux se laissent volontiers éblouir. En 1949, c'est à bord d'une berline Ford 1937 très fatiguée, une fois n'est pas coutume (→ Bagnoles), que tous deux, avec leur copain Frank Jeffries, quittent Denver pour le Mexique. Ils ne se tiennent pas de joie. C'est leur premier voyage ensemble vers un *ailleurs* qui est à la fois proche et complètement autre, le Mexique ! Lequel leur apparaît comme une véritable Terre Promise. Au lieu d'aller d'est en ouest et retour comme d'habitude, on sort du cadre, on suit « la courbure de la terre à tire d'aile », on va droit vers le sud. On ne tourne plus en rond, une échappée est bel et bien possible ! Il suffisait d'en décider, d'aller peut-être retrouver William Burroughs à Mexico, où il s'est installé avec Joan et leurs deux enfants (à moins qu'il ne soit déjà parti pour l'Amérique du Sud ?).

Déjà 200 miles avant la frontière, Jack et Neal anticipent les métamorphoses (Michel Butor, lui-même grand voyageur, dirait la « modification ») en train de se faire dans le paysage comme dans leurs esprits. Avant même qu'on l'atteigne, le Mexique ouvre d'autres univers. Plus que les États-Unis, il se présente comme un lieu de potentielles osmoses, concrètes, terrestres, spirituelles. Kerouac juge d'emblée que Neal rencontre là-bas un peuple à son image. *Cool* comme pas possible. Tout à coup, l'Amérique parcourue dans les 270 premières pages de *Sur la route*, célébrée et chantée jusqu'ici, apparaît presque comme un repoussoir. La vraie terre de liberté, elle est là, au Mexique ! (Et que Burroughs l'ait élue – entre autres pour se fournir plus facilement en morphine – ajoute à la preuve.) Tous les Beats en feront le voyage : c'est un lieu magique où la jonction entre soi-même et ses aspirations semble possible, aussi bien que le retour à certaines origines civilisationnelles.

Dans ce paradis, quand on y est, le Mexique devient même bien plus que le Mexique. Il ouvre à la façon d'un judas ou d'une miraculeuse lorgnette sur le reste du monde, sur l'univers tout entier ! Kerouac y aperçoit des « fellahin », des « indiens universels qui ceignent la planète depuis la Malaisie jusqu'en Inde, en Arabie, au Maroc… » C'est un retour au « commencement des temps », mieux : le Mexique contient tout le passé de l'humanité, et tout son futur.

Passé la frontière, tout cela finit, sans qu'on s'en étonne, dans un jardin d'Éden qui prend la forme d'un bordel débordant de sève et de jeunesse, où aucun n'interdit n'a plus cours. À qui s'étonnerait que les prostituées soient à leur place en ce paradis, une claire réponse : Beats parmi les Beats, elles sont des princesses autant que Mychkine est un prince. Elles aussi « idiotes » et innocentes, donc saintes et sacrées. Un peu plus tard, en 1956, c'est à Mexico même que Kerouac rencontre la prostituée qui lui inspirera *Tristessa*, rédigé dans la foulée.

## MINES D'OR

Au siècle précédent, Stevenson, traversant par le train les États-Unis, n'avait-il pas déjà écrit *La Route de Silverado* ? On rencontre quelques mines d'or chez les Beats. Ainsi en est-il de Central City. Située dans les Rocheuses, à 38 miles de Denver et 3 000 mètres d'altitude, Central City est au XIXe siècle la ville des États-Unis où, croit-on, la roche contient le plus d'or au mètre cube. Prospecteurs et aventuriers de tout poil y affluent. Chaplin aurait pu y situer sa *Ruée vers l'or*. Bars, saloons, bordels... En 1859, c'est la fête jour et nuit. Au théâtre, on joue des vaudevilles et des comédies. Des danseuses battent l'estrade dans les saloons et les cabarets. L'opéra est si célèbre qu'on accourt de Boston, de New York, de Chicago. Sarah Bernhardt s'y produit. Puis Central City devient une ville fantôme.

Elle ressuscite dans les années 1930. Kerouac, Cassady, Ginsberg passent par là en 1947, à l'occasion du Festival d'été de l'Opéra, invités par Justin Brierly, qui leur a offert des billets d'entrée. Qui est-il ? Le grand manitou des lieux, rebaptisé Denver Doll par Jack dans *Sur la route*. C'est à lui qu'incombe chaque année d'organiser cet événement majeur. C'est sa chose, et chaque nouvelle saison le voit aux anges.

Une autre chose que ce professeur a beaucoup à cœur, c'est d'être cet homme providentiel qui repère les qualités intellectuelles de tous les éléments prometteurs de la petite ville qu'est encore Denver, pour leur donner une chance de rejoindre l'université de Columbia, New York. Par exemple, il a très tôt remarqué le jeune Neal Cassady, et l'a pris sous son aile (y compris sexuellement). Si Neal ne s'est jamais présenté à l'examen d'entrée, le démérite ne peut lui en être imputé.

Pour Jack et ses amis – la plupart encore étudiants –, le festival devrait marquer le point culminant de ces vacances à Denver. Or rien ne se passe comme prévu. On assiste à une succession de chassés-croisés, de rencontres manquées, avortées. Neal bout d'impatience à l'idée de cette fête monstre, il monte en car à Central City avec Carolyn et Ginsberg. Mais, à la surprise de Carolyn, les deux hommes disparaissent subitement dans la foule, la laissant perdue, en larmes. Aucun des trois ne tombe non plus sur Jack qui, venu en voiture avec les amis Burford, White, Temko et la belle Beverly, fait partout la fête avec eux. Vêtu d'un smoking qu'on lui prête, Jack emmène la belle voir *Fidelio*. Il trouve *Fidelio* formidable, magnifiquement funèbre. Il songe que c'est dommage que Neal et Allen ne soient pas là, mais juge qu'ils ne seraient pas à leur place dans ce milieu huppé. Il flirte avec les jeunes choristes de *Fidelio*, mais un gamin, ouvreur-placeur de 16 ans, lui souffle celle qui s'apprête à lui accorder ses faveurs. En cet éclatant mois d'août, Justin Brierly, ivre de bonheur, béat du panache de la manifestation, euphorique à tout confondre, embrasse tout le monde, y compris Jack sans le reconnaître : « Joyeuses Pâques ! ... Bonne année ! ... Joyeux Noël ! »

Le lendemain, redescendu à Denver, Jack écrit à sa mère une lettre où l'air du Colorado l'aide à colorer les choses :

> Chère Ma,
> Mes amis ont tous été merveilleux, m'ont nourri, logé [...] Ouaip, c'est Ed White qui m'héberge, me nourrit et me chouchoute. Bon sang, j'ai bien rigolé par ici. Te raconterai. J'ai eu au moins dix petites amies [il n'en a pas touché une seule] ; escaladé des montagnes ; vu un opéra ; mangé des choses délicieuses, même de la viande de chevreuil chez Hal ; il fait beau – et je vis dans un appartement de rupin, avec douches, victuailles et tout ce qu'il faut [...] Ah, tu ne peux pas savoir combien tu me manques, et la maison et écrire seul dans ma chambre ! Jacky qui t'aime.

Ce que Jack tait, c'est son grand regret : « Dix jours à Denver, et Neal et moi, on n'a jamais été seuls ensemble, on n'a jamais pu parler cinq minutes d'affilée. »

## NOURRITURES TERRESTRES

« Dix olives savoureuses dégustées sous le ciel de minuit, c'est ce qu'aucun restaurant de luxe ne peut proposer. »

On a peu prêté attention aux goûts culinaires de Jack Kerouac. La condition de Beat n'exclut pourtant en rien celle d'épicurien. Pendant ses premiers voyages sur la route, Jack, démuni, se nourrit presque exclusivement d'*ice-creams* et de tartes aux pommes. Nutritif, savoureux, et peu coûteux. À mesure qu'on se rapproche du Sud, se félicite-t-il, elles deviennent même de plus en plus grosses et crémeuses. Dans son enfance déjà, au sein d'un milieu ouvrier très modeste, il adorait le beurre de cacahuète et les *Ritz crackers* accompagnés d'un verre de lait. Et très tôt, il voue un soin particulier au petit-déjeuner : personne ne sait comme lui apprêter des œufs… au plat, pochés… sous toutes les formes imaginables. Le petit-déj', n'est-ce pas déjà s'apprêter à vivre ? Une invention permanente, un avant-goût de ce qui pourrait nous attendre et nous surprendre ? Un début riche de promesses ? Avant chaque déplacement en Greyhound, il a la jubilatoire maniaquerie de se préparer dix à quinze sandwichs pour le trajet, de préférence au salami et à la moutarde. Ailleurs sur la route, les nouilles au thon ou de vieilles patates pourries réchauffées dans sa casserole par LuAnne lui sont des repas de noces, de communion avec la vie, le réconciliant dans l'instant avec le fait même d'exister. S'il séjourne quelque part, comme au sommet du pic de la Désolation, il se limite essentiellement au café et au sirop d'érable. Disons-le donc ainsi : c'est l'Amérique elle-même qui lui est un aliment, quelque chose d'extrêmement précieux. Elle a sa saveur propre, unique, qu'il faut savoir apprécier et déguster. Il l'écrit dans son maître livre : l'Amérique est « une huître à gober ».

Autant dire que sa philosophie alimentaire rejoint sa vision de la vie telle qu'on devrait la goûter. Prendre les choses comme elles se présentent. Acquiescer toujours à ce que la route offre et propose. Attitude proche de celle des épicuriens et stoïciens : si j'ai peu de choses (à manger par exemple), parfait ! Je ferai mon miel de ce peu ! Et si au contraire une bonne fortune m'advient (c'est le cas du richissime Sénèque), je ne vais pas faire la fine bouche, je l'accepterai avec gaîté de cœur, en sachant que c'est une bonne fortune toute provisoire et éphémère qui peut m'être arrachée à l'instant. Ainsi, dans *Satori à Paris* (voyage tout fait de désastres), certains mets lui sont des satoris : vive les brasseries de Bretagne !

Goûter la merveille à chaque instant, là où elle se loge, telle est la règle. Tout plat n'est-il pas une madeleine qui peut ouvrir à tout l'univers ? Il adore ainsi croquer une pomme, la nuit tombée, avant de dormir sous les étoiles. Roman initiatique, *Sur la route* est une recherche de la coupe du Graal. Or cette coupe, au fond, n'est-elle pas offerte à chaque seconde ? Dans leur simplicité, leur accessibilité, une *ice-cream*, un hamburger ne participent-ils pas intimement de cette quête, n'en sont-ils pas, eux aussi, des ingrédients manifestes, révélés ?

## NOUVEAU JOURNALISME

Dès les années 1960, les principaux tenants du Nouveau Journalisme ont pour noms Tom Wolfe, Hunter S. Thompson, Gay Talese, Joan Didion. Plusieurs d'entre eux ont écrit, en sus de leurs articles, des ouvrages qui procèdent de cette même veine. Ainsi doit-on *Acid Test* à Tom Wolfe et *Hells Angels* à Hunter S. Thompson, lequel porte le genre à son point d'incandescence avec le journalisme dit *gonzo*. En France, cette forme de journalisme connaît aussi le succès, en particulier dans des quotidiens comme *Libération* ou des magazines comme *Actuel*. Le Nouveau Journalisme reconnaîtra bien sûr sa dette envers Kerouac. Même s'il s'agit d'un roman vrai (« *a true novel* », dit Jack), *Sur la route* ne prétend aucunement à une sorte d'objectivité ou de « vérité » journalistique, au sens traditionnel de ces termes. La « vérité » est ailleurs, elle ne tient pas simplement à la relation des « faits » (Kerouac s'en écarte, les remodèle ou les amplifie à sa guise, selon des lois toutes esthétiques), elle est affaire de « perception », et les perceptions, on le sait au moins depuis Kant, sont très humaines et subjectives ; ce sont elles qui détiennent l'éventuelle plus proche vérité.

C'est pourquoi *Sur la route* est écrit à la première personne du singulier, a le grand souci du détail, même le plus anodin (cela, Kerouac le tient des lettres de Neal Cassady), et veut que les choses soient rendues avec le juste tempo. Le Nouveau Journalisme s'inspire de tout cela pour le transporter dans un savoir-faire journalistique qui prétend, loin de la copie convenue, flirter un peu avec la littérature. Comme si une touche d'art, dans le domaine du reportage aussi, était seule capable de rendre certaines réalités. Tout passe donc par le prisme de la sensibilité du journaliste. Rien d'incorrect, puisque celui-ci s'est justement engagé, envers le lecteur, à lui relater les choses au plus près de la « vérité », telle que lui-même l'a vécue et ressentie, et mieux que ne le ferait une plate exposition « objective » des « faits ». Il lui faut jeter aux orties une fausse fidélité à une réalité dont l'essence est de toute façon complexe et multiple. Et « s'immerger » aussi longtemps que nécessaire dans la matérialité des milieux à restituer. Démarche très délicate, évidemment, puisque le journaliste court alors le même risque qu'Ulysse en son périple, celui de se laisser séduire par le chant des sirènes. Tout l'art du journaliste consistant alors à devenir « une éponge » en conservant une parfaite distance critique.

## NOUVEAU ROMAN

De manière tout à fait singulière, lorsqu'ils vivent à Paris à la fin des années 1950 (→ Hôtel de la rue Gît-le-Cœur), les Beats n'ont aucun contact ni avec les existentialistes ni avec les tenants du Nouveau Roman. Il est clair que leur esthétique s'écarte largement des tentatives de ce « mouvement » créé de toutes pièces par Jérôme Lindon aux éditions de Minuit, mais qui n'a pas plus de réelle cohérence interne que le mouvement beat. Les Beats croient un tant soit peu au monde, au signifié. Les écrivains du Nouveau Roman ne se soucient guère du référent, la littérature est pour eux avant tout affaire de signifiant. Alors que les Beats espèrent que la route empruntée les mène quelque part, un Robbe-Grillet opte délibérément pour une forme de roman qui tourne en rond. Certes, les deux « mouvements » entendent, par la littérature, dissoudre un certain ordre « bourgeois » hérité du passé ; et chez l'un et l'autre existe la volonté d'user de la langue comme d'un instrument susceptible de bouleverser nos représentations et notre sens du réel. Mais les méthodes sont totalement différentes, voire opposées, incompatibles.

De leur légère parenté affleurent tout de même certains signes, au moins chez quelques auteurs des éditions de Minuit. Ainsi – l'a-t-on jamais noté ? – Claude Simon écrit *La Route des Flandres*, qui, dans son martèlement et sa musicalité, roulements de tambours et frappe de sabots, est un chef-d'œuvre de sonorité et de rythmique (Kerouac ne l'a probablement jamais lu, mais ne l'aurait pas renié). Et *La Modification* de Butor tient dans la relation d'un voyage en train (*en train* : locution par excellence pour dire l'immédiateté) qui ouvre sur quantité de dimensions spatiotemporelles résolument autres, dont il faudrait être sourd pour ne pas entendre les résonances souterraines qu'elles entretiennent avec l'univers syncopé des Beats. Ce qui nous est proposé chez Butor, n'est-ce pas aussi un voyage kaléidoscopique, voire stroboscopique, qui plonge loin dans les profondeurs et dont les effets de métamorphoses sont aussi singuliers que ceux de la *Dream Machine* inventée à l'hôtel de la rue Gît-le-Cœur par Brion Gysin et Ian Sommerville, dont William Burroughs faisait ses délices ? (Ajoutons que le voyage, chez Butor, après un profond *cheminement*, ramène à son point de départ, autant que chez Kerouac.)

## ORALITÉ

Les Beats renouent avec un brin de tradition orale de la littérature qui remonte très haut dans l'histoire, jusqu'au Moyen Âge et bien au-delà. Cela leur est d'autant plus aisé que leurs textes se veulent précisément nés d'une certaine oralité, et du langage parlé, censé les vivifier. C'est en quoi la lecture qui a lieu en 1955 à la Six Gallery* de San Francisco est un événement fondateur. Ginsberg, McClure,

Lamantia, etc., lisent leurs poèmes à haute voix devant une foule galvanisée qui ponctue leurs lectures d'encouragements eux-mêmes sonores (quand Ginsberg lit *Howl*, Kerouac lance des « *Go ! Go ! Go !* »). Le phénomène s'est depuis lors généralisé, jusqu'en Europe ; plus guère de manifestations littéraires aujourd'hui sans lecture de leurs œuvres par les auteurs invités. Déjà dans les années 1970, un Charles Bukowski* conquiert une bonne part de sa célébrité au travers de ses lectures publiques (se soûlant pour faire face à cet exercice qu'il exècre).

Que la parole vive des Beats soit aussi faite pour être dite – et y gagne même parfois pour l'auditeur – apparaît pleinement dans les enregistrements de ses textes et poèmes par Kerouac. Accompagné au piano par Steve Allen, Jack parvient magnifiquement à accentuer encore les soubassements jazz, le tempo et la tonalité de son écriture. On s'en convainc facilement à l'écoute de ses albums enregistrés en 1959, *Poetry for the Beat Generation* avec Steve Allen et *Blues and Haikus* avec Al Cohn et Zoot Sims. Ginsberg et Burroughs auront fait pareil ; le premier par exemple avec *Holy Soul Jelly Roll. Poems & Songs* et le second avec *Call Me Burroughs*, *Spare Ass Annie and Other Tales* ou encore *Nothing Here Now but the Recordings*. Rien d'étonnant donc à ce que Bob Dylan ait insufflé dès ses débuts une bonne part de l'esprit beat et de son *phrasé* dans ses compositions et chansons.

## PARIS (*WELCOME TO*)

À Paris, Maurice Nadeau est l'une des très rares personnes qui saisissent ce qui se passe aux États-Unis, et l'intérêt littéraire des Beats. Quand en 1960 l'écrivain John Ciardi s'en prend violemment à eux dans son article « Epitath for the Dead Beats », il réagit instantanément en publiant un dossier spécial « Beatniks et jeunes écrivains américains » dans sa revue *Les Lettres nouvelles*. Si des gens comme lui se battent pour faire connaître les Beats en France, c'est aussi que la littérature et le roman français se trouvent alors dans une impasse : d'un côté le Nouveau Roman* qui tourne sur son propre manège, de l'autre une production romanesque très conventionnelle. Aussi regarde-t-on un peu du côté des Beats, comme si ce type de littérature bouillonnante d'énergie pouvait éventuellement apporter du sang frais. Jean Fanchette publie Burroughs, Gysin et Corso dans sa revue bilingue *Two Cities*, Girodias édite en anglais les deux premiers chez Olympia Press. Le retentissement des Beats reste néanmoins très faible, voire nul, malgré les efforts aussi d'un Jean-Jacques Lebel qui se lie avec eux dès leur passage au « Beat Hotel »* en 1958.

Fort du succès de *On the Road*, Kerouac est traduit chez Gallimard en 1960. Mais Burroughs ? Ginsberg ? L'un apparaît quasiment illisible (*The Naked Lunch* n'est traduit qu'en 1964), l'autre n'écrit « que » de la poésie. Le flambeau est plus ou moins repris dans les années 1970 par des éditeurs comme Raphaël Sorin, Gérard Guégan et surtout par Christian Bourgois, auquel on doit d'avoir réellement introduit les Beats dans le paysage de la littérature en France. Sa maison, en sus de Ginsberg et Burroughs, publie carrément en édition bilingue des Beats moins connus, tels Gregory Corso, Michael McClure, Bob Kaufman.

## PEINTURE

Nombreux sont les liens entre les Beats et le monde de la peinture. Y compris sur le plan de l'anecdote : Fin 1956, Salvador Dali est attablé dans un *tea-room* de Manhattan avec Jack Kerouac et Allen Ginsberg. Il déclare à Jack qu'il le trouve bien plus beau que Marlon Brando (lequel est assis à une table voisine). Plus sérieusement, dès le départ, les tentatives du premier noyau des écrivains beats dans le New York des années 1940, puis tout au long des années 1950, sont contemporaines et en phase avec les œuvres émergentes de Jackson Pollock, Larry Rivers, Willem de Kooning, Robert Rauschenberg, etc. Pollock privilégie la spontanéité, la vitesse d'exécution précédée d'un temps de méditation proche du zen, il s'immerge lui-même dans ses tableaux, pratique l'*action painting*... De Kooning enseigne en 1948 au Black Mountain College* en même temps que Charles Olson. Robert Creeley y suit les cours du plasticien John Chamberlain. Bref, les points de jonction et parallèles sont innombrables avec ce que les Beats ambitionnent de faire à travers l'écriture. Dans les années 1950, Brion Gysin (→ *Cut-up*) résume très bien le sentiment qui était le leur en ces années-là, déclarant que la littérature « a cinquante ans, voire cent ans de retard sur la peinture ». En quoi ? Eh bien, les artistes « ont mis en doute la nature de la *matière* qu'ils tripotaient (la peinture en tant que matériau) tandis que les écrivains n'ont presque jamais osé s'interroger à ce sujet » (la *matière* ou la *texture* du langage, à laquelle par exemple un James Joyce était si sensible).

On peut ajouter que la plupart des Beats se sont essayés à des travaux artistiques. Tous, avec plus ou moins de bonheur, font des croquis, des dessins, voire des toiles. Kerouac peint à l'huile des scènes christiques, bouddhistes, aussi bien qu'une Joan Rawshanks inspirée par l'actrice Joan Crawford, et il fixe au pinceau l'œil de son détracteur Truman Capote. À Tanger, Burroughs noircit au crayon son autoportrait et fait des collages, converse plus tard avec Andy Warhol ou Basquiat à la Factory, passe dans les années 1980 au *shotgun art*, Damien Hirst collectionne certaines de ses pièces. Ginsberg s'amuse à dessiner Bouddha, et à peindre quelques toiles (mais surtout nous donne, sur le plan visuel, ses *Snapshot Poetics* [→ Photographie]). Ferlinghetti, McClure, Corso peignent vraiment, Bob Dylan s'y met, etc. Bref, les Beats composent si bien avec la scène artistique que Kerouac, Ginsberg, Corso et Orlovsky apparaissent même dans le film *Couch* qu'Andy Warhol tourne en 1964 (→ Cinéma).

## PERSONNAGES

Du fait des nombreux personnages qui y apparaissent, la lecture d'un livre comme *Sur la route* peut décontenancer : Kerouac ne prend guère la peine de les caractériser, ni physiquement ni moralement, comme le font les romanciers traditionnels. Très souvent, il se borne à les nommer – le nom lui-même étant le seul critère d'identification. Ce qui ne rend pas toujours la tâche facile au lecteur, qui s'y perd et ne se souvient pas toujours de qui est qui. Tout à son travail d'écriture, Kerouac, lui, le sait parfaitement (d'autant plus que ses personnages ont tous, dans son esprit, des référents bien réels – ce qui n'est pas notre cas, mais peu lui importe). Son souci n'est donc aucunement de donner une quelconque « psychologie » à ses personnages, ou pire : de s'y attarder (en cela d'ailleurs, son esthétique n'est pas si éloignée qu'on le pense de celle de l'école du regard adoptée, à la même heure, par le Nouveau Roman*). Il nous montre les êtres essentiellement en action et en paroles. La manière de présenter les personnages correspond au fond à celle, immédiate et directe, dont nous usons nous-mêmes à chaque instant quand nous évoquons l'un ou l'autre ami ou connaissance. C'est ce que fait d'ailleurs tout adolescent – ou adulte – lorsqu'il tient, pour son usage propre, un journal intime : la personne est si présente et familière à celui qui en parle que son nom ou son prénom suffit mentalement à la représenter dans tous ses aspects (→ Journaux).

## PHOTOGRAPHIE

Allen Ginsberg me le disait franchement, ce jour où il m'avait invité à partager son brunch « diététique » dans sa cuisine du Lower East Side : « Je ne fais pratiquement aucune différence entre mes activités de photographe et de poète. Pour moi, c'est la même attitude mentale, le même type d'émotions qui préside à l'une et à l'autre. » Voyant ma surprise, il m'avait dans la foulée expliqué pourquoi il prenait régulièrement des photos du décor extérieur qui s'offrait à lui par le cadre de la fenêtre de sa cuisine : saison après saison, il s'agissait de saisir quelque chose du temps qui passe, des métamorphoses que cela induit, bref, de toutes les nuances qui peuvent s'introduire dans notre perception du réel.

Son ami Robert Frank* vivait à deux pas, et à l'occasion, tous deux descendus dans la rue, Ginsberg bénéficiait de ses conseils techniques. Son talent cependant ne datait pas d'hier. En témoigne son livre *Snapshot Poetics* : dès le début des années 1950, Allen prend de ses amis beats quantité de photos et de portraits. Elles font partie intégrante de son œuvre, et forment une partie essentielle de l'iconographie beat. Pratiquement tous les ouvrages sur les Beats, s'ils sont illustrés, y recourent. Pour qui s'intéresse à eux, c'est une magnifique occasion d'en découvrir les visages (Ginsberg l'a sûrement pressenti), et cela au moment même où leurs détenteurs sont en train de composer une légende. Très souvent, les photos de Ginsberg trouvent un complément bienvenu dans les photos que Carolyn Cassady (elle aussi douée d'un vrai sens artistique) a prises, à la même époque, de Neal Cassady et Jack Kerouac. L'ensemble, avec les clichés des photographes mentionnés ci-dessous, constitue une formidable iconographie de la légende beat, qui trouve là comme un livre d'heures. Mais quoi d'étonnant ?

Art de l'instant, la photographie ne pouvait que s'accorder avec la sensibilité beat. Elle aussi saisit le mouvement, procède avec la plus grande rapidité, ne se veut « composée » que dans l'immédiateté. Ses qualités sont de l'ordre du « flash » ou du satori, comme le veut aussi Bob Dylan, qui s'attache à déployer dans ses chansons une « chaîne d'images visuelles » – « *a chain of flashing images* », dit-il. Un certain art de la photo s'accorde ainsi parfaitement avec la visée esthétique des écrivains beats. En outre (très loin des vues de paysage ou d'objets), ce sont des photos qu'on pourrait presque qualifier d'autofictionnelles dans la mesure où elles s'offrent, on l'a dit, comme une célébration des « héros » beats. Parmi tous les photographes qui, dès les années 1950, auront consacré une large part de leurs œuvres à cette iconographie beat, citons Fred McDarrah, James Oliver Mitchell, Gerard Malanga, Lisa Law, Larry Keenan, Elsa Dorfman (un as du Polaroïd), et même l'acteur Dennis Hopper (plusieurs de ses photos figurent en bonne place dans le catalogue de l'exposition « Beat Culture » au Whitney Museum, à New York, en 1996).

## PROSTITUÉES

Les prostituées ne sont-elles pas beats par définition ? Elles appartiennent au monde « d'en bas » qu'évoquait déjà Jack London dans *La Route*. Elles parsèment l'œuvre de Kerouac de leurs apparitions. Dans *Maggie Cassidy*, c'est déjà une prostituée new-yorkaise qui, se substituant à elle, le détourne de la magnifique et tendre Maggie de Lowell, son premier amour de jeunesse. Plus tard, c'est à un amour de Mexico, Tristessa la camée, qu'il consacre tout un livre. Les prostituées sont des innocentes, des personnages bibliques, saintes et sacrées, angéliques dans leur reconfiguration kerouacienne – oui, elles aussi, après tout, sont des anges déchus* (→ Mexique). Mais Kerouac n'est pas seul à dire leur vertu. À vrai dire, c'est Herbert Huncke*, le Beat inaugural auquel cette génération doit son nom, qui brosse peut-être le plus beau portrait de l'une d'elles. Elle s'appelle Vicki la Rousse, et sous ce nom elle tient aussi un petit rôle dans *Sur la route* et dans *Visions de Cody*, ainsi que dans *Junkie* de Burroughs, qui la rebaptise Mary. Huncke lui consacre quelques paragraphes splendides dans *Coupable de tout*. Il la rencontre lorsqu'à 18 ans elle arrive de Détroit à New York. Au Bickford, sur la 42e rue, où il prend son café, il la voit arriver. Une grande fille superbe, des cheveux roux tirant sur l'acajou, un peu ébouriffés aux pointes. Les jours qui suivent, il garde sur sa rétine l'image de sa jupe toute simple et de son pull rose pâle, et du collier de perles autour de son cou. « Très très légèrement maquillée, juste ce qu'il fallait. Il y avait de quoi tomber immédiatement dingue amoureux. » Dommage pour lui, nous précise-t-il, les filles ne l'intéressent pas. Néanmoins, il continue de la dépeindre avec une vraie tendresse. Vicki sera évidemment l'amante occasionnelle de Jack et de Neal. Une bouche très rouge et un peu trop large, la lèvre inférieure adorablement pleine. Un corps magnifique, de longues jambes, des seins qui pointent sous le chemisier. Une grâce dans la façon de marcher à pas longs et déliés. Dans ses yeux verts, Huncke lit d'emblée « une sorte de douce innocence perplexe ». Ils perdent le contact mais il retombe sur elle à sa sortie de la prison de Rikers Island :

> Un soir, au coin de la 50e et de Broadway, formidable apparition : elle était vêtue d'un manteau en soie noire et d'une robe en lainage doré, resplendissante ! Quand elle m'a aperçu, elle a saisi de ses mains les pans de son manteau, et elle l'a ouvert comme des ailes… et elle a couru vers moi. Elle me faisait penser à un immense papillon noir et or.

## PROUST

En apparence, un monde les sépare. L'un fréquente le gotha parisien à l'orée du XXe siècle, l'autre est un vagabond de la route. Le premier écrit sans quitter son lit, l'autre sillonne les États-Unis. Milieux, imaginaires, époques, tout semble éloigner Marcel Proust de Jack Kerouac… Celui-ci naît le 12 mars 1922, huit mois avant la mort de celui-là, le 18 novembre 1922. La coïncidence suggère presque une sorte de continuité ou, rêvons, de « passage de témoin ». C'est que la lecture croisée de leurs œuvres se prête à maintes analogies. Au même titre que *La Recherche* de Proust et que *La Comédie humaine* de Balzac, l'œuvre de Kerouac est dans son esprit conçue pour ne former qu'un seul grand tout. Pour ces trois écrivains, morts autour de la cinquantaine après une vie intensément vécue, chaque livre sorti de leur plume est une pièce qui doit apporter sa contribution à une œuvre unique et gigantesque.

On le sait bien : c'est sous un seul titre, *La Légende de Duluoz*, que Kerouac entendait rassembler toute son œuvre, si la mort n'y avait mis un terme en 1969. Il l'écrit le 11 septembre 1955 au critique et poète Malcolm Cowley, alors que ses ouvrages n'ont même pas encore trouvé preneur : « *La Légende de Duluoz* compte à présent sept volumes ; quand j'aurai terminé, dans dix, quinze ans, elle couvrira toutes les années de ma vie, comme Proust [...] Je vois à présent toute la Cathédrale de la Forme que cela représente. »

Comme *La Recherche* de Proust, la future *Légende de Duluoz* s'inscrit dans une perspective autobiographique sublimée et métamorphosée, qui en est le substrat premier. Kerouac l'a dit et redit : il se voit comme un « *running Proust* ». Non pas comme un Proust couché (il a certainement aussi en tête l'idée du Bouddha couché), reclus dans une chambre aux parois tapissées de liège par exigence de silence, mais comme un « Proust en mouvement », courant, attentif aux rumeurs du monde et recueillant la moindre sensation au bord de la route. Il le répète à Allen Ginsberg, dans une lettre du 18 juin 1959 : « Mon œuvre ne constitue qu'un vaste livre comparable à *À la recherche du temps perdu* de Proust, sauf que ma recherche a été écrite au pas de course et non pas *a posteriori* dans un lit de malade. » Ce qui n'empêche pas que la mémoire, autant que chez l'auteur de *La Recherche*, y tienne un rôle immense. Kerouac n'a-t-il pas été surnommé « *Memory Babe* » dans son enfance (si bien qu'il songera à écrire un livre sous ce titre) ? Et Ginsberg l'appelle « *The Great Rememberer* » dans sa préface à *Visions de Cody*.

Le 11 novembre 1967, deux ans avant sa mort, Kerouac resitue encore très bien l'apport que Proust aura eu sur son œuvre, en réponse à une question de sa biographe Ann Charters :

> Ma proustitude ? C'est simplement l'idée d'une vie dans sa totalité, sectionnée en livres distincts, dans une description et une analyse à la première personne du singulier [...] Ce que vous appelez mes « pensées » et ce que vous appelez les « analyses » de Proust, bien qu'elles n'aient pas la même teneur, sont de la même farine (→ Temps).

*

## RÉCEPTION

En 1957, la jaquette de l'édition originale de *Sur la route*, tel que paru chez Viking, est d'une austérité remarquable, ornée d'un petit dessin abstrait. Jack Kerouac est content : c'est d'une sobriété comparable à celle de l'*Ulysse* de Joyce. Mais très vite, des éditions de poche aux couvertures criardes – jolies filles à la poitrine aguicheuse et jeunes voyous sortis d'une imagerie *bad guys* – entourent l'œuvre de Kerouac d'une aura trompeuse qui en dénature complètement le sens. Sur un strict plan littéraire, le livre est aussi mal reçu. La critique universitaire, si elle ne fait pas silence, se distancie très nettement des louanges émises par Gilbert Millstein dans *The New York Times*. Et la presse, si on la considère dans son ensemble, est loin de suivre ce journaliste quand il fait de Kerouac un nouvel Hemingway (lequel à cette même époque choisit de tracer sa route dans les océans en écrivant *Le Vieil Homme et la mer*). On sait que Truman Capote, en particulier, réservera aux écrits de Jack un accueil très frais : « *That's not writing, that's typing* » (« Kerouac n'écrit pas, il tape à la machine »). Lorsqu'en 1965 paraît *Anges de la désolation* (on est tout de même huit ans après *Sur la route*), Nelson Algren, l'amant américain de Simone de Beauvoir, lui réserve ce commentaire : « La prose de Kerouac n'est pas de la prose, c'est de l'auto-indulgence. » La valeur littéraire de l'œuvre de Kerouac n'apparaîtra que peu à peu, à mesure qu'on prendra mieux conscience des changements et des ruptures qu'apportent ses façons d'écrire et d'envisager la littérature.

## RENAISSANCE POÉTIQUE DE SAN FRANCISCO

Depuis le début des années 1950, le poète Kenneth Rexroth organise chaque semaine chez lui à San Francisco des après-midis et des soirées où l'on parle non seulement de poésie, mais de tout. Rexroth, né en 1905, est le maître des lieux, un personnage extravagant, qui fascine tout le Frisco culturel. C'est à l'une de ces occasions qu'Allen Ginsberg, en 1954, fait sa connaissance et se lie avec les poètes de ce qu'on appellera bientôt la Renaissance poétique de San Francisco. Le mouvement devra son officialisation à une formidable anthologie de la poésie américaine que Donald Allen publie en 1960 sous le titre *The New American Poetry. 1945-1960*, et qui fera longtemps date tant elle cristallise les choses, y compris pour les Beats (même si elle ne parle pas encore d'eux). C'est cette anthologie qui, à point nommé, dessine la nouvelle cartographie de la poésie du moment, aux États-Unis. Parmi les « membres » de cette Renaissance de San Francisco : Jack Spicer ; Philip Whalen ; Lew Welch ; Gary Snyder ; Philip Lamantia ; Michael McClure. À l'occasion d'une lecture qui se tient à la Six Gallery* de San Francisco, tous vont se fondre dans ce qui forme du coup le mouvement, plus vaste, de la Beat Generation. L'événement, organisé par Ginsberg, démontre une fois de plus le rôle considérable joué par celui-ci dans la fusion poïétique entre la côte est et la côte ouest des États-Unis. Mais Kerouac ne l'avait-il pas dit ? L'Amérique est avant tout un grand poème (→ Black Mountain Poets ; Six Gallery).

✳

# ROCK'N'ROLL

Lorsqu'ils choisissent un nom définitif pour leur groupe, les Beatles ont soin d'y enchâsser le mot « beat ». William Burroughs figure sur la couverture de *Sgt. Pepper's Lonely Hearts Club Band*. Il était inévitable que les Beats, ayant entre autres généré le mouvement psychédélique des années 1960, fassent rétrospectivement partie intégrante de la culture pop. L'histoire des Beats et celle du rock'n'roll ne pouvaient que s'entrelacer. Le 9 septembre 1956, Kerouac et Gregory Corso sont devant un poste de télévision, et aussitôt emballés par la première apparition détonante d'Elvis Presley au *Ed Sullivan Show*. Ce type fait sauter les carcans à merveille, comme eux-mêmes l'ont voulu ! Après avoir été un grand fan de jazz, Neal Cassady vibre désormais au son des morceaux de Jerry Lee Lewis, de Chuck Berry, et de Little Richard, dont le *Slippin'and Slidin'* lui plaît énormément. Et ses rocambolesques péripéties dans les années 1960 sont étroitement liées à celle du Grateful Dead et des tubes que crachent tout le long de la route les haut-parleurs du bus *Further** (→ Bus psychédélique) de Ken Kesey et des Merry Pranksters. À partir des années 1960, d'ores et déjà devenu une légende, Allen Ginsberg se lie volontiers avec à peu près tous les grands noms de la musique rock, Bob Dylan, Joan Baez, les Beatles, les Stones, plus tard les Clash, Sonic Youth... Dans les décennies qui suivent, il enregistre plusieurs disques d'esprit blues. Michael McClure encourage Jim Morrison à publier ses poèmes et, entre autres chansons, il écrit *Mercedes Benz* pour Janis Joplin. En 1966, le groupe de rock psychédélique Soft Machine se baptise d'un titre de William Burroughs. Celui-ci, très tôt revendiqué comme figure fondatrice par les milieux punks, est ami avec Patti Smith, Lou Reed, Frank Zappa, David Bowie, Tom Waits, il pose sa voix sur un disque de Kurt Cobain... et en enregistre lui-même plusieurs en solo.

Mais déjà en 1960, *Hit the Road* de Ray Charles avait déferlé sur les ondes, rappelant et évoquant l'épopée beat à la façon d'un écho. Tout cela s'inscrit dans un même mouvement, participe de la même galaxie en expansion. *Sur la route* n'est d'ailleurs pas le seul livre dont se soient réclamés les groupes rock. Steppenwolf par exemple rend évidemment hommage au roman éponyme de Hermann Hesse* dont Timothy Leary avait fait redécouvrir l'œuvre à la jeunesse des années 1960. Enfin, dans une lettre qu'il expédie de Londres à son agent littéraire Sterling Lord au printemps 1957, Kerouac, frappé par la mode britannique des teddy boys, lui suggère de choisir pour son livre le titre *Rock and Roll Road* plutôt que celui d'*On the Road*, afin de garantir son succès commercial…

Sur un plan plus strictement littéraire, il n'est pas anodin qu'il existe deux versions publiées de *Sur la route* : celle de 1957 (la plus connue, arrangée et découpée en chapitres selon la volonté de Viking Press) et celle de 2008 (le rouleau « original », plus « sauvage », tapé en 1951). De manière tout à fait intéressante, le lecteur se trouve ainsi placé, comme souvent dans la musique jazz ou rock, en présence de deux « *takes* » (au sens de « prises » dans un studio d'enregistrement) témoignant à merveille qu'aucun texte (et surtout pas *La Recherche* de Proust) n'est jamais réellement achevé. Toute la question étant, comme on l'a dit à propos du *Festin nu**, de savoir à quel moment exact s'arrêter (s'il en est un).

## ROUTE

À l'évidence, la route se prête admirablement à l'écriture et au récit. Elle-même est un tracé et ainsi leur est-il aisément loisible de se confondre ; le rouleau tapuscrit de *Sur la route*, dans son déroulé, en est une claire métaphore. Comme la page blanche, la route ouvre sur l'ailleurs, elle est toujours propice à la sensation, aux impressions, et il est dans son caractère d'exiger qu'on couche celles-ci sur le papier aussi immédiatement que possible (aucun écrivain voyageur ne me démentira). Cette notion d'immédiateté est centrale puisque la route tend à faire valoir l'instant, à le faire saisir dans son émergence, autant qu'aspire à le faire l'écriture spontanée*.

Être et rouler sur la route, n'est-ce pas comme se trouver logé dans la tête d'épingle de la flèche du temps, et dans l'exploration de l'espace qui lui est lié ? Dès ses origines, la littérature l'a si bien compris qu'elle s'en est servie pour refléter notre expérience humaine et la déployer. Ce n'est en rien un hasard si on doit à la route la plupart des grands chefs-d'œuvre fixés par l'écriture : l'*Odyssée* ; *Les Contes de Canterbury* ; *Le Voyage du pèlerin* de Bunyan (un modèle pour Kerouac). Au fond, *Sur la route* ne représente qu'un avatar parmi bien d'autres. Il ne fait que nous relancer sur la route.

## SAGA

L'histoire et la légende des Beats n'ont de cesse de se perpétuer, de refaire surface ici et là comme le grand cachalot blanc de Melville. À partir des années 1970, les gens qu'intéresse la Beat Generation (je pense à Barry Gifford, Lawrence Lee et maints autres) s'aperçoivent de cette chose pour eux fantastique : en dehors de Neal Cassady et de Jack Kerouac, morts plutôt jeunes à respectivement 41 et 47 ans, nombre des personnages de *Sur la route* sont toujours bien vivants. Une bénédiction ! Et si certaines figures phares sont encore de ce monde, pourquoi ne pas les rencontrer ? Et ainsi obéir à cette réaction très humaine : mieux comprendre. Qui étaient vraiment ces gens et que s'est-il réellement passé ? (On se doutait que Kerouac, par exemple, avait passablement « magnifié », « transfiguré » les êtres et les événements.) En conséquence, à l'heure actuelle (troisième décennie du XXIe siècle), l'histoire et la légende beats composent une véritable saga, tant depuis cinq décennies elles se sont enrichies de nombreux ouvrages, livres de témoignages pour les uns, de vulgarisation ou d'analyses savantes pour les autres.

La démarche paraissait d'autant plus légitime que quantité de proches des Beats y allaient de leurs souvenirs et commentaires (→ *Beat revival* ; *Beat women*). Ainsi la légende beat est-elle grandement redevable aux écrits de personnes qui, à la fois acteurs et témoins des événements, l'ont encore élargie : Carolyn Cassady, épouse de Neal, avec *Sur ma route* ; Edie Parker, première épouse de Kerouac, avec *You'll Be Okay* ; Joan Haverty sa deuxième épouse, avec *Nobody's Wife*. Apport des enfants aussi : Jan Kerouac et William Burroughs, Jr. ont livré, comme si une sorte d'exigence les y poussait, leurs propres « romans » ou « odyssées » (→ Enfants de…). Les diverses petites amies de Kerouac (Joyce Johnson avec *Personnages secondaires*, Helen Weaver avec *The Awakener*), celle de Neal Cassady, Anne Murphy (*Affair With a Viper*), etc., ont aussi raconté leur expérience. Et voilà qui donne l'occasion de mieux saisir comment la littérature entre effectivement en interaction et en résonance avec la vie elle-même (puisque, avec les Beats, on s'écarte de la vision dichotomique d'une Virginia Woolf).

On pourrait de la même façon dérouler ici une liste impressionnante d'auteurs qui se sont passionnés pour la Beat Generation. Nombre d'entre eux ont tenté de remonter des pistes, ce qui n'a pas manqué de donner à leur entreprise l'allure d'une quête, qui prolonge en un sens celle des Beats. Plusieurs (j'en suis), après avoir lu ado ce roman qu'est *Sur la route*, pouvaient ainsi eux-mêmes entrer de plain-pied dans ce même roman (et dans le reste de l'œuvre), en découvrir les personnages, et c'était encore mieux si on les rencontrait, si on explorait les arrière-plans et les non-dits (→ Fièvre d'écriture).

## SEXE (& ÉCRITURE)

Kerouac assurait que Neal Cassady plaçait le sexe au-dessus et au centre de tout. As de la désinhibition, c'est par l'écriture de ses lettres, elles aussi complètement désinhibées, qu'il modifie le rapport de Jack à l'écriture elle-même. En 1957, dans son article « Essentials of Spontaneous Prose », Jack souligne donc cet impératif : « Écrire avec excitation, rapidement, en proie à la crampe de l'écrivain, et en accord (comme on va du centre à la périphérie) avec les lois de l'orgasme, selon le voilement de conscience cher à Wilhelm Reich. » Reich, faut-il le rappeler, est le psychanalyste qui a publié en 1927 *La Fonction de l'orgasme*, et c'est lui qui est le concepteur de la machine à orgones dont William Burroughs construira plusieurs modèles dans son jardin (Woody Allen suivra son exemple en mettant en scène le modèle « Orgamastron » qu'expérimente avec bonheur Diane Keaton dans *Woody et les robots*). Quant à Gary Snyder, pour lequel le sein de la femme est l'alpha et l'oméga, il lui revient d'être de tous les Beats celui qui aura le plus divinisé le sexe, dans une acception bouddhiste zen du terme (→ *Yabyum*).

## SIX GALLERY

La Six Gallery est un ancien garage qui doit son nom aux six artistes qui la créent en 1954 à l'angle d'Union Street et Fillmore Street, à San Francisco. À l'occasion, on y organise des lectures de poésie. Un jour de 1955, on propose au poète Michael McClure d'en mettre une sur pied. Intéressé mais surchargé, McClure croise dans la rue Allen Ginsberg et lui fait part de son embarras. Ginsberg lui dit que, bien sûr, il s'en occuperait avec joie ! La lecture, présentée par Kenneth Rexroth (→ Renaissance poétique de San Francisco), a lieu le 7 octobre 1955. Ginsberg ouvre les feux avec la lecture de *Howl* (quand bien même le poème n'est pas achevé). Lui succèdent (et ce n'est pas sans importance tant ces gens proviennent d'horizons divers) Philip Lamantia, Michael McClure (qui lit pour la première fois), Gary Snyder et Philip Whalen. C'est tout simplement l'un des événements fondateurs de la Beat Generation. Ginsberg a réuni pour l'occasion des poètes qui ne se connaissent pas, ou à peine. Du même coup, volontairement ou non, il donne une impulsion formidable au mouvement beat. Participent en effet à l'événement des gens qui jusqu'alors n'avaient presque aucun contact avec le petit noyau beat de New York (soit Kerouac, Ginsberg, Burroughs). Les uns font partie de ce qu'on appelle la Renaissance poétique de San Francisco* : ils ont pour noms Kenneth Rexroth, Gary Snyder, etc. Les autres émanent d'un mouvement né en Caroline du Nord, les Black Mountain Poets*. Est même présent le « surréaliste » Philip Lamantia, publié à l'âge de 15 ans par André Breton (en 1943 à New York), qui apporte *de facto* à la Beat Generation en train de naître l'aval du surréalisme français.

Kerouac ? Il est bien là, mais un peu comme un démon ou un chœur dans la tragédie antique. Plus ou moins bourré, il se borne à ponctuer les lectures et la soirée de ses encouragements (« *Go ! Go ! Go !* »). Jusqu'alors, les Beats n'étaient qu'un petit noyau de cinq ou six jeunes auteurs à New York, qui aimaient à échanger sur la littérature et s'encourageaient mutuellement à écrire. Mais, affaire de taille critique, la lecture à la Six Gallery de San Francisco est décisive : c'est toute la côte ouest des États-Unis, avec les gens émanant de la Renaissance poétique de San Francisco (et du Black Mountain College) qui, pesant de tout leur poids, et d'un dynamisme tout californien, donnent au mouvement un élan formidable. Cette lecture est le premier point de bascule (le deuxième sera en 1956 la publication de *Howl* et le troisième celle de *Sur la route* en 1957) qui fait entrer la Beat Generation dans l'histoire sociale et littéraire (→ Oralité).

## SNYDER (GARY)

Gary Snyder incarne la facette la plus écologiste des Beats. Kerouac lui attribue le pseudo de Japhy Ryder pour en brosser le portrait dans *Les Clochards célestes*, et c'est celui d'un homme pas loin d'être parfait. Non seulement « héros » du livre et succédant ainsi au Neal Cassady de *Sur la route*, Snyder initie Jack au *yabyum**, mais il est l'incarnation même de ce qu'un homme peut être, en ses multiples virtualités. Ainsi emmène-t-il Jack sur des routes encore inconnues, jusqu'au sommet du Matterhorn. Sa grande qualité, c'est celle de l'équilibre. Il favorise la jonction entre de multiples composantes : son intérêt pour le zen (et son départ consécutif pour le Japon en 1956) contrebalance avec à-propos le matérialisme occidental et ce que le monothéisme a d'horizons bornés. Il renoue plus que tout autre avec le sentiment de nature auquel Emerson et Thoreau appelaient comme à une vertu suprême. Parmi ses œuvres majeures : les poèmes de *Riprap* (1959) et de *Turtle Island*, qui lui vaut le prix Pulitzer en 1975. Né en 1930, il est à l'heure où s'écrivent ces lignes le dernier des Beats encore vivant (→ Écologie ; Renaissance poétique de San Francisco ; *Yabyum*).

## SOLOMON (CARL)

Carl Solomon joue un important rôle de « cheville ouvrière » dans l'histoire de la Beat Generation. Qui est-il ? Né dans le Bronx en 1928, il s'engage à 16 ans dans le United States Maritime Service, découvre l'Europe et la France. Là-bas, il a tout loisir de céder à la profonde attraction qu'exercent sur lui le dadaïsme et le surréalisme. Après-guerre, il est soigné à New York dans le même hôpital psychiatrique qu'Allen Ginsberg. Tous deux deviennent vite amis. À la stupéfaction de Ginsberg, Solomon lui apprend qu'à Paris, il a eu l'occasion d'entendre Antonin Artaud lire en public sa poésie. Ses imprécations et hurlements lui ont fait la plus forte impression. Dans la foulée, Ginsberg prend note de certaines phrases que tient Solomon après ses séances d'électrochocs et il les intègrera, quelques années plus tard, dans son poème *Howl*, dont le premier titre envisagé était *Howl for Carl Solomon*. Ginsberg reconnaîtra à jamais sa dette : *Howl*, l'une des pièces maîtresses de l'univers beat, lui restera dédié.

Carl Solomon a le privilège de jouer encore un autre rôle décisif dans l'histoire de la Beat Generation : il se trouve être le neveu de l'éditeur A.A. Wyn, qui est à la tête des éditions Ace Books. Ginsberg présente son nouvel ami à William Burroughs, qui cherche en vain un éditeur à son premier roman *Junkie*. C'est ainsi grâce à Solomon que *Junkie* est publié par Ace Books en 1953. *Junkie* est parfois considéré rétrospectivement comme le premier ouvrage édité de la littérature beat. D'autres estiment que le premier roman beat se trouve bien plutôt être *Go*, de John Clellon Holmes*, publié en 1952. Ces deux livres sont cependant très loin de l'originalité littéraire de *Sur la route*. Le débat reste éventuellement ouvert, selon que l'on considère la Beat Generation comme un phénomène social ou littéraire.

Ajoutons que, s'il défend ardemment *Junkie*, Carl Solomon refuse de soutenir la publication de *Sur la route* chez Ace Books. Explication possible : *Junkie* s'inscrit peut-être mieux, en apparence du moins, dans la ligne éditoriale d'Ace Books, qui publie surtout de la science-fiction, du *trash* et du policier, etc. Notons que Solomon publiera lui-même deux recueils de poésie, *Mishaps, Perhaps* (1966) et *More Mishaps* (1968), ce qui lui vaut, à ce titre aussi, d'être considéré comme une pièce non dénuée d'importance dans le gigantesque puzzle de la littérature beat.

✳

## SUICIDE

La légende beat, telle qu'elle est portée par Jack Kerouac et Neal Cassady et malgré ses accents exaltés, est une légende triste sous certains aspects. Aucun des termes de la fameuse alternative soulevée par Virginia Woolf, vivre ou écrire, n'assure un quelconque salut. D'un côté, dans le cas de l'œuvre phare *Sur la route*, on a certes la réussite d'une œuvre, habitée de rythmes, sons et correspondances, en soi splendide (*glorious*) parce qu'élaborée comme telle. Une merveilleuse célébration de la vie, en ses intentions et aspirations. Et de l'autre, avec Neal Cassady, l'accomplissement, sous une forme magnifiée, d'un homme de chair et de sang, capable à force de magnétisme d'écrire à chaque instant sa vie comme on écrit un livre, d'élaborer magnifiquement sa propre fiction dans un jaillissement permanent de spontanéité. Et pourtant, au bout du compte, au bout de chacune de ces trajectoires, la route se révèle sans issue. Avec finalement un échec absolu, tant aura fait défaut, dans la logique même qui a suscité l'entreprise, ce sens des limites que fixait voici 2 500 ans la déesse Némésis. Neal Cassady finit perdu dans son reflet et, quoique nouvel avatar de l'« homme aux mille tours », ne trouve nulle échappatoire, bien au contraire. Par les multiples substances qu'il absorbe, il finit par s'anéantir. Kerouac, de son côté, l'écrit déjà à 31 ans dans « The Last Word », un texte publié dans un numéro d'*Escapade* de 1959 : « *It's all a big crrrock... I wanta die* » (« Tout n'est qu'une énorme escroquerie... Je veux mourir »). Et dans ses dernières années, il l'avoue à Carolyn Cassady, il considérera l'alcool comme le moyen le moins contraire à son catholicisme de parvenir au suicide. Dont acte, le 21 octobre 1969.

Il est des Beats qui, à l'opposé, bien sûr, témoignent d'issues beaucoup plus optimistes et réussies (→ Snyder ; Ferlinghetti ; Ginsberg).

## « SURHOMME »

Kerouac est un homme qui cherche à transfigurer la réalité par la création, littéraire en l'occurrence. Il est celui qui a foi dans les vertus de l'art et d'une célébration poïétique de la vie. Comme Homère, il est l'homme qui chante.

Neal Cassady, lui, connaît à merveille tous les arrangements possibles avec l'existence. Dans la réalité comme dans les livres de Kerouac, il est celui qui, ainsi que le souhaiteraient tant de philosophies, « connaît le temps », sait vivre dans l'instant. C'est une figure charismatique, douée d'un magnétisme tel qu'il apparaît comme une fiction réalisée, concrétisée.

Kerouac comprend donc très vite que Neal Cassady est le complément (ou l'objet, le contenu) idéal à son talent d'écriture : en quelque sorte le Messie qu'il attend. Celui qui va nourrir son œuvre par sa façon « d'être au monde ». De manière quasiment nietzschéenne, Neal Cassady lui apparaît comme « l'homme par excellence », celui qui réussit étonnamment à donner forme à beaucoup de ses virtualités propres. Celui qui contient en germe l'homme à venir. C'est un « *Holy Goof* », un « saint givré ». Si bien qu'aux yeux de Kerouac, au fond, Neal Cassady est comme la littérature elle-même, dont la fonction est de révéler à la vie ce qu'elle se cache à elle-même.

## TANGER

*Le Festin nu** n'aurait peut-être jamais vu le jour si Burroughs n'avait séjourné à Tanger de 1954 à 1958. C'est une œuvre à laquelle il fallait de la distance. On la voit mal naître aux États-Unis. Ne serait-ce que parce qu'elle est en partie issue de la correspondance de Burroughs avec

Ginsberg. Il fallait aussi précisément que Ginsberg, Kerouac et Corso fassent le voyage pour Tanger et le rejoignent là-bas pour que le livre prenne forme, se lève du néant. Si le monde est fait pour aboutir à un beau livre, comme le voulait Mallarmé, Tanger était fait pour aboutir au *Festin nu.* Tanger, la « porte du Détroit », présente l'avantage d'être une interzone, propice à toute échappée libre, à l'inventivité. Paul Bowles (*Un thé au Sahara*) l'avait déjà compris, lui qui y vit depuis 1947. La ville est alors l'une des plus interlopes au monde, de celles où tout est permis. Le meilleur cadre possible, d'une atmosphère stupéfiante, pour y faire l'expérience des limites, y compris sur le plan littéraire. En cela, *Le Festin nu* porte bien l'empreinte de Tanger, à la façon dont un bestiau est primitivement marqué au fer, même si ensuite l'hôtel de la rue Gît-le-Cœur* à Paris offrira le lieu et le moment nécessaires pour que le livre sorte tout à fait de ses limbes.

## TEMPS

Quel est le sujet principal de Kerouac, dans toute son œuvre ? D'une part l'espace : les deux côtes de l'Amérique lui sont ce que Paris et ses provinces sont à Balzac, ou Combray et l'hôtel de Guermantes à Proust*. Et d'autre part, bien sûr, le temps, notre façon de le ressentir et de nous y inscrire à chaque instant. C'est dans ce cadre d'allure cosmogonique qu'il fait apparaître ce « prodige » qu'est à ses yeux Neal Cassady, en qui il voit « l'homme américain » (un homme « neuf » tel que l'entendait R.W. Emerson, lui-même le premier des penseurs américains) dans sa plus complète et formidable incarnation. Personne, aux yeux de Kerouac, ne sait mieux que Cassady jouer et se jouer lui-même à l'intérieur de ces deux dimensions où chacun de nous se meut incessamment, selon un jeu de constantes et inventives combinaisons et explorations. Personne comme lui ne sait mieux « faire vivre et palpiter », dans leur essence même, l'espace et le temps.

Du côté de chez Cassady et de chez Kerouac intervient du coup la composante essentielle de la « vitesse ». Einstein est passé par là : chacun sait désormais qu'elle fait partie de l'équation. Ce dont Cassady tient à sa façon compte en surgissant à chaque instant en « dingue » et en « as » de la vitesse (dans son art de conduire comme de discourir, de négocier d'interminables phrases s'élevant et se superposant en multiples variations). Et s'amusant parfois, devant Kerouac et son épouse Carolyn, à dire sans reprendre son souffle telle phrase « sans fin » de *La Recherche*. Ken Kesey et quelques autres lui attribueront même la faculté de parler en même temps sur sept plans de langages différents (mieux que les Pères de l'Église qui se contentaient de quatre niveaux de lecture dans leurs exégèses bibliques). Et dans les années 1960, Kesey le surnommera « *Speed Limit* ».

Le temps, autant que chez Proust, et tel qu'il s'incarne en la personne de son héraut Neal Cassady, est donc l'un des thèmes fondamentaux et essentiels de l'œuvre de Kerouac. Combien de fois, dans *Sur la route*, Neal Cassady *alias* Dean Moriarty, par conjuration peut-être et pour répondre aux attentes de ses amis, ne s'exclame-t-il pas : « Et MAINTENANT, les amis, NOUS SAVONS CE QU'EST LE TEMPS » ? La phrase revient maintes fois, en des formulations légèrement différentes, comme un leitmotiv précisément. Vivre *maintenant*. Tenir le temps dans sa main (et pour Cassady, c'est clairement au volant qu'il le tient le plus assurément).

Dans le regard de Kerouac, Neal Cassady, par ses dispositions naturelles, mais aussi magistralement stimulé par sa lecture de Nietzsche, Schopenhauer, Proust, parvient admirablement à actualiser le temps, à s'y inscrire totalement et immédiatement aussi bien qu'à témoigner, à travers l'écriture (puisque rappelons-le, Cassady lui aussi se voudrait écrivain), qu'il est possible, dans l'instant même, de rendre le monde présent, en sa complétude et sa profondeur composite. La preuve s'en donne à chaque fois que les deux amis prennent la route, puisque c'est alors bel et bien la totalité d'un monde de sensations, de réminiscences et d'attentes futures qui leur est immédiatement offert. Le Temps se trouve alors perdu et retrouvé à la même seconde, dans un même mouvement, par anticipation et crainte de le laisser s'enfuir. Ou encore, le Temps n'est jamais totalement perdu ni retrouvé : il se doit d'être immédiatement présent, dans toutes ses composantes et la symphonie qu'il contient. Le Temps s'enfuit dans le temps même où on le vit et le saisit. Et c'est encore mieux si l'écriture peut être partie prenante du phénomène, puisqu'elle le fixe, à l'instant même, dans son extrême précarité (dont Kerouac a une conscience aiguë, hanté depuis toujours par la mort). À suivre Cassady, à être emmené et emporté par lui, la question du temps pour Kerouac se résout donc ainsi : il trouve sa madeleine constamment et instantanément, elle est immédiatement associée à ce qu'il est en train de vivre, et même d'écrire, puisqu'il tient toujours sur lui un calepin dans lequel son écriture faite d'abord d'esquisses se confond littéralement avec la vie – sa vie. Si bien que, d'un seul coup de crayon, sous les doigts de Jack, l'instant présent se mue en « madeleine », et s'offre comme tel, à volonté.

## TOMBER AMOUREUX

Les filles, souvent fort jolies, vont et viennent dans l'œuvre de Kerouac, nourrissant au passage l'inspiration de tel passage de *Maggie Cassidy*, *Tristessa*, *Les Souterrains*... Sans jamais, il est vrai, s'inscrire réellement et définitivement dans sa vie puisque, on le sait, une seule femme comptait pour lui. Sa mère, sur laquelle son père, avant de mourir, lui avait recommandé de veiller, et que Jack appelait Mémère. Avec elle, malgré l'appel de la route, le cordon ombilical n'aura jamais été rompu – au contraire, tout se passe comme si la route, précisément, le ramenait sans cesse à son point de départ, auprès d'elle, comme si c'était même sa fonction, le but ultime auquel conduire (pas de route sans retour ? Aucune odyssée qui ne ramène au bercail ?).

Les amours de Jack n'auront été qu'extrêmement momentanés, aussi éphémères que les instants qui les auront vus naître : la seule chose qui l'intéresse au fond dans l'amour, c'est l'instant où l'on tombe amoureux. L'*instant*, ici comme ailleurs, ici comme en tout chez Kerouac, brille le temps d'une fulgurance, dure le temps d'une allumette : on ne compte pas les filles dont Jack sera tombé amoureux pendant quelques minutes, quelques heures, quelques jours. La permanence, elle, reste du côté de Mémère (comme le dit si bien le redoublement de syllabes où s'entend l'attachement...) La route que suivra Kerouac ne sera au fond que le long déroulement d'un cordon ombilical, qui toujours le ramènera à son point de départ. Il meurt pour ainsi dire sous les yeux de Mémère, sa Pénélope, avec laquelle il vit (aussi bien qu'avec sa troisième épouse Stella) à St. Petersburg, en Floride, le 21 octobre 1969.

## TRANSCENDANTALISME

Rien n'unit les Beats au sens où certains principes ont par exemple rassemblé les surréalistes. Ce qu'ils ont précisément en commun, c'est leur singularité, ce trait du caractère américain que les transcendantalistes américains Emerson et Thoreau avaient fait prévaloir cent ans plus tôt : l'exigence d'être absolument soi-même, en brisant tous les conformismes et en se fiant à ce qui relève en nous de l'« âme suprême » (lire l'essai d'Emerson qui porte ce titre et qui n'a pas manqué d'inspirer Nietzsche). Les écarts, l'exploration de la marge font partie du processus (→ Hesse). Si l'alcool, le sexe, certaines drogues sont ainsi présents dans la littérature beat, c'est parce qu'ils permettent, selon le vœu de Rimbaud, un dérèglement des sens, et semblent offrir la possibilité de s'ouvrir « toujours plus » à d'autres réalités – l'utilisation du LSD dans les années 1960 ira dans ce sens : s'ouvrir à la part de nous-mêmes que nous ne connaissons pas.

## VISIONS

Revenons-en à l'écriture : pour Kerouac, elle n'est pas réminiscence, elle est vision. On sait qu'il songea à intituler son *Maggie Cassidy* « Visions de Maggie », jugeant d'ailleurs que c'était le plus proustien de ses romans : il y raconte un amour d'adolescence qui, comme *Un amour de Swann*, renvoie au désenchantement amoureux. Mais ce sont les titres d'à peu près tous les autres livres de Kerouac qui auraient pu commencer par l'expression « Visions de... » Il l'utilisera au moins pour deux d'entre eux : *Visions de Cody* (pseudonyme de Cassady) et *Visions de Gérard* (Gérard étant le prénom de son frère aîné, décédé à l'âge de 9 ans).

*Visions de...* Si Kerouac affectionne l'expression, c'est qu'elle renvoie évidemment à sa conception même de la littérature. C'est au fond le terme qu'il substitue à celui de *À la recherche de* chez Proust.

On objectera que la recherche de Proust a essentiellement pour objet le temps perdu et retrouvé (à travers l'écriture). Alors que la « vision » de Kerouac voudrait davantage relever de la « pénétration ». Le regard, quoiqu'au présent, se tourne non pas vers l'arrière mais vers l'avant, vers l'horizon qui se dessine et s'ouvre tout là-bas, loin sur la route... L'œuvre se voudrait moins rétrospective que prospective, même si les deux mouvements sont en étroite relation, inséparables (la « vision » peut bien sûr contenir la réminiscence). Disons qu'il ne s'agit ici que d'une infime nuance, d'un simple déplacement de *l'accent*. Pour Kerouac et Cassady, le temps n'est jamais totalement perdu ni retrouvé : il se doit d'être présent, *au présent*, à chaque instant, et cela précisément par ce biais qu'on désigne par le terme « vision », une vision qui n'est pas « au futur » mais s'élabore et jaillit à travers une écriture qui parvient à la capter, y compris dans la remémoration du passé (→ Temps).

*

## VOYAGES

Le voyage, comme la route, ne peut que s'accorder avec l'esthétique beat. Il signifie rencontres et découverte de l'inconnu, il favorise la sensation, les impressions – et c'est exactement ce dont Kerouac a besoin : d'un monde sans cesse renouvelé ou en renouvellement perpétuel, de manière à susciter dans un même mouvement l'acte d'écriture. Le voyage est ouverture, aide à la vision, aux visions.

Les Beats auront passablement voyagé (pour leur époque, mais assez peu selon nos critères actuels). Burroughs va en Amérique du Sud, à Tanger, en Angleterre, Ginsberg tout autour de la planète, en Inde, au Japon, à Prague, Kerouac à Paris, en Bretagne… La question qu'on pourrait alors se poser est celle-ci : qu'est-ce qui les différencie des écrivains voyageurs ? Sur ce point, Allen Ginsberg m'a étonnamment répondu qu'en matière d'écrivains voyageurs (il se montrait très réticent devant l'association), il ne connaissait guère que Cendrars (mais Cendrars a-t-il réellement beaucoup bourlingué, lui qui s'est surtout plu à séjourner dans des *ports* ?) et Bruce Chatwin. Quelle distinction, donc ? Jacqueline Starer le souligne dans son livre *Les Écrivains beats et le voyage* (1977) : l'écrivain beat, selon elle, n'use du voyage que comme d'une étape, au sein même d'une autre quête, plus vaste, dans laquelle le voyage ne s'inscrit que comme un point parmi d'autres (et non comme un but en soi). Elle voit juste. Au lieu que chez un Nicolas Bouvier le voyage vous fait et vous défait, vous « polit », les Beats ne voient dans le voyage qu'un « moment », un « passage », une sorte d'apport, quelque chose qui peut apporter un supplément d'être, mais qui n'est pas décisif en soi. Pour les uns, le voyage est essentiel, pour les autres il est accidentel.

Quitte à le dire de manière schématique, les Beats sont dans le mouvement, ils aiment « bouger », les écrivains voyageurs sont plus sensibles au chant des pistes et attentifs à l'*état* qui en résulte (meilleur exemple : *Le Poisson-scorpion* de Nicolas Bouvier). Ainsi, dans son *Journal d'Aran*, Bouvier passe-t-il une nuit en complète résonance avec tout l'univers (il parle d'« un monde complet »). Pour les Beats, la complétude ne saurait guère survenir à l'arrêt (ou à l'étape, comme c'était par exemple le cas pour un Kenneth White). L'écrivain voyageur arrive quelque part, l'écrivain beat n'arrive jamais.

## *YABYUM*

Kerouac s'en amuse dans *Les Clochards célestes* : ce n'est que lorsque, au milieu des années 1950, il fait la connaissance de Gary Snyder et des écrivains et poètes de la côte ouest que son bouddhisme teinté de zen et d'hindouisme intègre plus complètement les dimensions charnelles qui participent de notre humaine incarnation. Gary Snyder (Japhy Ryder dans *Les Clochards célestes*) l'initie au *yabyum*, en lui prêtant sa jolie « Princesse d'à peine vingt ans ». Le *yabyum*, terme tibétain, est cette position à la fois sexuelle et mystique, bien connue du tantrisme indien, qu'il est simple de représenter : double position du lotus, l'homme jambes croisées accueille la femme qui encercle les siennes autour de lui, assise sur son giron, et ainsi est-elle pénétrée. L'un des « participants » ou communiants symbolise la compassion, l'autre la sagesse (on résume). C'est en somme l'union, la fusion telle qu'elle s'accomplit divinement dans l'acte d'amour et de procréation, s'il est bien réalisé. Une façon d'abolir la dualité de notre monde d'apparences. (Il est tout à fait plaisant, voire métaphorique, que Kerouac s'avise de cette position alors que, venu de New York, il entre géographiquement plus profondément et intimement en osmose avec la côte ouest.)

À l'Est précisément, comme en écho, le *yabyum* est également présent chez Diane di Prima*. Ses *Mémoires d'une beatnik* rapportent ou fantasment pour les besoins de ce livre voulu érotique comment, lors d'une « partouze » à cinq, Kerouac l'aurait « attirée entre ses jambes » et comment elle et lui ont « essayé de le faire dans la position *yabyum* tibétaine ». *Mémoires d'une beatnik* étant un ouvrage de commande, on peut s'interroger sur la véracité des faits. La pornographie de la scène, qui se désigne expressément comme telle (Diane di Prima obéit à l'injonction de Girodias, son éditeur), est surtout racontée sur le même mode comico-parodique que développera plus tard un Charles Bukowski.

Remarquons que dans *Les Clochard célestes* la cérémonie du *yabyum* n'est pas non plus décrite avec un sérieux excessif. « Que soit faite la volonté de la foudre dans le Vide obscur », décrète Japhy Ryder au point culminant de son union avec la jeune fille. Jack, davantage que di Prima, opte pour un traitement ludique du sujet. Après tout, le cosmos lui-même pourrait bien n'être qu'un jeu – à nos dépens ou pour notre plaisir éventuel.

## Z COMME ZIGGURAT ET ZONES DE RÉSONANCE

C'est la dernière lettre de notre alphabet, et j'en userai comme d'un joker.

On l'a dit, les Beats n'ignoraient rien de l'existentialisme*. *La Chute* de Camus paraît en 1956, alors même que Kerouac, guetteur d'incendies, séjourne au sommet du pic de la Désolation (→ Grand Vide) et que Viking s'apprête à publier *Sur la route*. Dans *Anges de la désolation*, Jack nous fait part non pas d'un zen serein ni de son élévation spirituelle au faîte d'une quelconque ziggurat de Babylone, mais de son désarroi devant le Grand Vide, auquel ne répondent, par leur éventuelle présence, ni Dieu, ni Bouddha, ni rien. Devant ce « *Great Void* », il se demande, comme Camus, si le monde est absurde – et notre existence aussi, du même coup. Face au Vide, aucun écho ? Vraiment ?

Pas du tout. Pas sûr qu'il en ait pleinement conscience à cet instant. Mais Kerouac a la réponse, il la détient même au-delà de toute conviction religieuse, catholicisme ou bouddhisme. Devant l'éphémère, devant l'intense fragilité de notre présence au monde et de notre « être », devant sa *vanité*, son néant, devant la mort, la seule réponse est le Verbe. Comme Olivier sonnant de l'oliphant à la fin de *La Chanson de Roland* (→ Oralité), Kerouac sait en fait très bien par où passe le salut : il s'agit de faire vibrer le Verbe. Rien ne tient que par lui. Le Verbe, par bonheur, n'a pas besoin d'autre justification que d'être là, bel et bien là. Et c'est de lui qu'il faudra savoir jouer, comme tout jazzman joue de l'instrument qui lui est dévolu, pour produire une certaine musique. Ce sera au fond la seule certitude, inébranlable, de Jack Kerouac, et c'est ce qui le conduira *à écrire* jusqu'au terme de son existence (*Vanité de Duluoz*, son dernier livre, l'atteste aussi bien).

La démarche n'aura pas été si différente chez William Burroughs : on l'a dit, sa technique du *cut-up** vise à marquer l'absence d'un auteur tout puissant, omniscient, et son intention est tout autant de souligner, à sa façon, les vertus du Verbe en soi.

Comment ne pas ressentir à l'heure actuelle la force d'évidence de ce type de réponse ? Cette conviction, cette certitude de Kerouac – la nécessité de faire vibrer le Verbe – entre parfaitement en résonance avec l'idée de résonance (précisément) telle que la développe le philosophe et sociologue allemand Hartmut Rosa. Celui-ci y insiste dans un livre qui devrait faire date (*Résonance. Une sociologie de la relation au monde*, Paris, La Découverte, 2018). Le monde n'est pas *absurde* (sourd à notre appel). Au contraire, il résonne, il fait écho, pour peu que nous sachions ou apprenions à l'écouter. La phrase « *The Earth is an Indian Thing* » de Kerouac ne dit pas autre chose. Entend-on cela, on cesse alors d'être ou de se sentir cet *étranger* tant mis en évidence au XX^e^ siècle. L'œuvre de Jack, célébration éminemment verbale de la vie (en raison même de l'extrême précarité de celle-ci, constamment présente à son esprit), consiste bien dans une immense entreprise de résonance face au grand désarroi toujours prêt à nous envahir. L'univers n'est pas, selon nos humeurs, un monde froid et sidéral, absolument mort, indifférent à sa propre marche. Non, lui aussi poursuit sa route, et qu'on le veuille ou non, entraînés par elle, nous faisons partie de son mouvement.

# BIBLIOGRAPHIE CHOISIE

La bibliographie beat est riche de plusieurs milliers d'ouvrages. Je me borne ici à n'en indiquer que quelques-uns, exactement comme je les conseillerais à un ami qui aurait décidé de s'intéresser au sujet. Je donne les titres en français s'ils ont été traduits dans notre langue.

À noter : quelques brefs passages des entrées « Proust » et « Temps » ont été repris de mon article « Kerouac, lecteur de Proust », ma contribution aux Essentiels de la BnF à l'occasion de l'exposition *Marcel Proust. La fabrique de l'œuvre* présentée à la BnF du 11 octobre 2022 au 22 janvier 2023.

**ANTHOLOGIES :**

Charters A. (éd.), *The Portable Beat Reader*, New York, Penguin, 1992.

Knight B. (éd.), *Women of the Beat Generation*, Berkeley, Conari Press, 1996. Avec éléments d'iconographie.

Waldman A. (éd.), *The Beat Book*, Boston, Shambhala Publications, 1996.

**SUR LA BEAT GENERATION :**

*Beat Culture and the New America. 1950-1965*, New York, Whitney Museum of American Art ; Paris, Flammarion, 1996. Catalogue de l'exposition. Superbement illustré.

Dister A., *La Beat Generation. La révolution hallucinée*, Paris, Gallimard, « Découvertes », 1997. Avec une riche iconographie.

Duval J.-F., *Kerouac et la Beat Generation. Une enquête*, Paris, Puf, 2012. Nombreuses illustrations.

Johnson J., *Personnages secondaires*, Paris, Union générale d'éditions, « 10/18 », 1996.

Michaud P.-A. (dir.), *Beat Generation. New York, San Francisco, Paris*, Paris, Centre Pompidou, 2016. Catalogue de l'exposition. Superbement illustré.

Watson S., *The Birth of the Beat Generation*, New York, Pantheon Books, 1995. Nombreuses illustrations.

**SUR JACK KEROUAC :**

Le Pellec Y., *Jack Kerouac*, Paris, Belin, 1999.

Nicosia G., *Memory Babe. Une biographie critique de Jack Kerouac*, Paris, Verticales, 1998.

Turner S., *Une vie de Jack Kerouac*, Paris, Mille et une nuits, 1996. Avec une riche iconographie.

**SUR ALLEN GINSBERG :**

Caveney G., *Hurler de joie. La vie d'Allen Ginsberg*, Paris, Mille et une nuits, 1999. Avec une riche iconographie.

Miles B., *Ginsberg. A Biography*, New York, Harper, 1990.

Morgan B., *I Celebrate Myself. The Somewhat Private Life of Allen Ginsberg*, New York, Penguin, 2007. Accompagné de photographies.

Schumacher M., *The Dharma Lion. A Biography of Allen Ginsberg*, New York, St. Martin's Press, 1992.

**SUR WILLIAM BURROUGHS :**

Harris O., *William Burroughs and the Secret of Fascination*, Carbondale, Southern Illinois Press, 2006.

Miles B., *Call me Burroughs. A Life*, New York, Twelve, 2014.

Morgan T., *Literary Outlaw. The Life and Times of William S. Burroughs*, New York, W.W. Norton & Company, 2012. Accompagné de photographies.

**SUR NEAL CASSADY :**

Cassady C., *Sur ma route. Ma vie avec Neal Cassady, Jack Kerouac, Allen Ginsberg et les autres*, Paris, Denoël, 2000. Avec un cahier photo.

Duval J.-F., *LuAnne sur la route avec Neal Cassady et Jack Kerouac*, Paris, Gallimard, 2022.

Sandison D., Vickers G., *Neal Cassady. The Fast Life of a Beat Hero*, Chicago, Chicago Review Press, 2006. Avec un cahier photo.

Œuvres choisies (s'il fallait ne se contenter que de quelques-unes des œuvres des écrivains beats) :

**DE JACK KEROUAC :**

–, *On the Road*, New York, Viking Press, 1957.

–, *On the Road. The Original Scroll*, New York, Viking Press, 2007.

–, *Sur la route*, Paris, Gallimard, « Folio », 1976.

–, *Sur la route. Le rouleau original*, Paris, Gallimard, « Folio », 2012.

–, *Les Clochards célestes*, Paris, Gallimard, « Folio », 1974.

–, *Anges de la désolation*, Paris, Denoël, 2022.

–, *Lettres choisies. 1940-1956*, Paris, Gallimard, 2000.

–, *Journaux de bord. 1947-1954*, Paris, Gallimard, 2015.

**D'ALLEN GINSBERG :**

–, *Howl*, Paris, Christian Bourgois, 2022.

–, *Kaddish*, Paris, Christian Bourgois, 2024.

–, *Snapshot Poetics*, San Francisco, Chronicle Books, 1993. Précieux recueil de photographies.

**DE WILLIAM BURROUGHS :**

– , *Junky*, Paris, Gallimard, « Folio », 2017.
– , *Le Festin nu*, Paris, Gallimard, « Folio », 2015.

**DE NEAL CASSADY :**

–, *Première jeunesse*, Paris, Les Belles Lettres, 2015.
–, *Un truc très beau qui contient tout. Lettres, 1944-1950*, Bordeaux, Finitude, 2014.
– *Dingue de la vie & de toi & de tout. Lettres, 1951-1968*, Bordeaux, Finitude, 2015.

*Composition et mise en pages*
*Nord Compo à Villeneuve-d'Ascq*

Imprimé en France
par la Nouvelle Imprimerie Laballery
rue Louis Blériot 58500 Clamecy
mai 2024 - N° 312762

La Nouvelle Imprimerie Laballery est titulaire de la marque Imprim'Vert®